APPRENDRE L'ITALIEN

OBJECTIF LANGUES

APPRENDRE L'ITALIEN
Niveau débutants
A2

Federico Benedetti

LA COLLECTION
OBJECTIF LANGUES

À PROPOS DU CADRE EUROPÉEN COMMUN DE RÉFÉRENCE POUR LES LANGUES

À partir de quel moment peut-on considérer que l'on « parle » une langue étrangère ? Et quand peut-on dire qu'on la parle « correctement », couramment ? Voire qu'on la « maîtrise » ? Cette question agite les spécialistes de la linguistique et de l'enseignement depuis toujours. Elle pourrait être de peu d'intérêt si les locuteurs d'aujourd'hui n'avaient pas à justifier leurs compétences dans ce domaine, notamment pour accéder à l'emploi.

C'est en partie pour répondre à cette question que le Cadre européen commun de référence pour les langues (CECRL), appelé plus communément « Cadre européen des langues », a été créé par le Conseil de l'Europe en 2001. Sa vocation première est de proposer un modèle d'évaluation de la maîtrise des langues neutre et adapté à toutes les langues afin de faciliter leur apprentissage sur le territoire européen. À l'origine, il entendait favoriser les échanges et la mobilité, mais aussi mettre un peu d'ordre dans les tests d'évaluation privés qui fleurissaient à la fin du XXe siècle et qui étaient, la plupart du temps, propres à une langue.

Plus de 15 ans après son lancement, son succès est tel qu'il a dépassé les simples limites de l'Europe et qu'il est utilisé dans le monde entier ; pour preuve, son cahier des charges est disponible en 39 langues. Les enseignants, les recruteurs et les entreprises y ont largement recours et les praticiens « trouvent un avantage à travailler avec des mesures et des normes stables et reconnues[1]. »

LES 6 NIVEAUX DU CADRE EUROPÉEN DES LANGUES

Le cadre européen se divise en 3 niveaux généraux et en 6 niveaux communs de compétence :

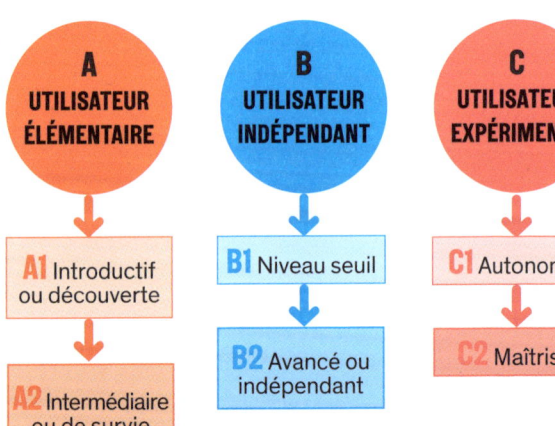

Chacun des niveaux communs de compétence est détaillé selon des activités de communication langagières :
- la production orale (parler) et écrite (écrire) ;
- la réception (compréhension de l'oral et de l'écrit) ;
- l'interaction (orale et écrite) ;
- la médiation (orale et écrite) ;
- la communication non verbale.

Dans le cadre de notre méthode d'apprentissage et de son utilisation, les activités de communication se limitent bien sûr à la réception (principalement) et à la production (un peu). L'interaction, la médiation et la communication non verbale s'exercent sous forme d'échanges en rencontrant des locuteurs et/ou en échangeant avec eux (avec ou sans présence réelle pour dire les choses autrement).

LES COMPÉTENCES DU NIVEAU A2

Avec le niveau A2, je peux :
- **comprendre** des expressions et des messages simples et très fréquents ;
- **lire** des textes courts et trouver une information dans des documents courants ;
- **comprendre** des courriers personnels courts et simples ;
- **communiquer** lors de tâches simples et habituelles ;
- **décrire** en termes simples ma famille, d'autres gens, mes conditions de vie, ma formation et mon activité professionnelle ;
- **écrire** des notes et des messages courts et simples.

La plupart des méthodes d'auto-apprentissage de langues actuelles utilisent la mention d'un des niveaux du cadre de référence (la plupart du temps B2), mais cette catégorisation a souvent été faite *a posteriori* et ne correspond pas forcément à leur cahier des charges.
En suivant les leçons à la lettre, en écoutant les dialogues et en faisant les exercices proposés, vous parviendrez au niveau A2. Mais n'oubliez pas qu'il ne s'agit que d'un début. Le plus important commence ensuite : échanger avec des locuteurs natifs, entretenir sa langue et ne pas la laisser rouiller et, ainsi, améliorer sans cesse la compréhension et l'expression.

1. *Cadre européen commun de référence pour les langues,* Éditions Didier (2005).

APPRENDRE L'ITALIEN

NOTIONS

- LA PHONÉTIQUE
- LES SONS
- LES LETTRES
- L'ACCENT TONIQUE
- LES VARIANTES RÉGIONALES
- LES INTONATIONS AFFIRMATIVE, EXCLAMATIVE/EXHORTATIVE ET INTERROGATIVE

■ LA PHONÉTIQUE

Cet ouvrage vous permettra de maîtriser les différentes difficultés de la phonétique, notamment les relations entre le mot écrit et sa prononciation. Avant d'aborder l'étude de la grammaire, de la syntaxe et des différents domaines de la vie italienne, il est utile d'étudier la prononciation de la langue écrite. Vous aurez souvent à lire les textes des dialogues (quoique nous vous conseillons de le faire toujours après avoir écouté l'audio), des exemples grammaticaux et des exercices.

Un mot italien se prononce comme il s'écrit en règle générale, et la phonétique de l'italien n'est pas une difficulté majeure pour les Français.

Les sons vocaliques (les voyelles), par exemple, sont pratiquement les mêmes, mis à part que la lettre **u** se prononce [ou] et que la lettre **e** se prononce tantôt [é], tantôt [è], selon les mots.

Seulement les quelques particularités qui peuvent poser des difficultés aux locuteurs francophones vous sont présentées ici, où des groupes de lettres (notamment de consonnes) demandent une prononciation spécifique.

Un exercice de prononciation présent à la fin de chaque paragraphe vous invite à lire à haute voix une liste de mots ou de petites phrases, en répétant (et donc en imitant) ce qui est prononcé dans l'audio.

◆ LES SONS

LES SONS [K] ET [TCH] DEVANT VOYELLE

• Devant **i** et **e**, la lettre **c** se prononce [tch] : **Piacere!** *Enchanté ! /* **Siamo siciliani.** *Nous sommes siciliens.*

• La lettre **c** se prononce [k] devant les voyelles **a, o, u**. Pour entendre le son [k] devant les voyelles **i** et **e**, il faut qu'il y ait un **h** entre le **c** et la voyelle : **Mi chiamo Michele.** *Je m'appelle Michele.*

• Pour avoir le son [tch] devant les voyelles **a, o, u** ([tcha], [tcho], [tchou]), il faut un **i** entre le **c** et la voyelle : **Ciao! /** **Faccio questo lavoro da tanti anni.** *Je fais ce travail depuis de nombreuses années.*

🔊 Lisez à haute voix les mots et phrases ci-dessous après avoir écouté l'enregistrement.
a. Mi chiamo Chiara. *Je m'appelle Chiara.*
b. occhio *œil*
c. Non mi è mai piaciuta la cioccolata. *Le chocolat ne m'a jamais plu.*
d. pacchetto *paquet*
e. parcheggio *parking*
f. Taci, per piacere! *Tais-toi, s'il te plaît !*

LES SONS [G] ET [DJ] DEVANT VOYELLE

🔊 • Devant **i** et **e**, la lettre **g** se prononce [dj] : **in**ge**gnere** *ingénieur* / **Pari**gi *Paris*

🔊 • La lettre **g** se prononce [g] devant les voyelles **a, o, u** comme dans **belga**, *belge*. Pour entendre le son [g] devant les voyelles **i** et **e**, il faut qu'il y ait un **h** entre le **g** et la voyelle : **I miei colle**ghi *Mes collègues* / **Ho scritto lun**ghe **lettere.** *J'ai écrit de longues lettres.*

• Pour entendre le son [dj] devant les voyelles **a, o, u** ([dja], [djo], [djou]), il faut un **i** entre le **g** et la voyelle.
Exemples : **la Norve**gia *la Norvège* / **Gio**chiamo a calcio. *Nous jouons au football.* / **Non è** giu**sto!** *Ce n'est pas juste !*

🔊 Lisez à haute voix les phrases ci-dessous après avoir écouté l'enregistrement.
a. i colleghi belgi *les collègues belges*
b. il giorno di pioggia *le jour de pluie*
c. le paghe dei giusti *les paies des justes*
d. i gerani e i mughetti *les géraniums et les muguets*

LES SONS [CH] ET [SK] DEVANT VOYELLE

🔊 • Le groupe **sc** se prononce [ch] devant les voyelles **i** et **e**, comme dans **sci** *ski* et **pesce** *poisson*.
• Pour entendre le son [ch] devant les voyelles **a, o, u**, il faut qu'il y ait un **i** entre le groupe **sc** et la voyelle : **la**scia**re** *laisser*, **li**scio *lisse*, **la pasta**sciu**tta** *les pâtes*.
• Pour entendre le son [sk] devant **i** et **e**, il faut un **h** entre le groupe **sc** et la voyelle : **gli affre**schi *les fresques.*

Lisez à haute voix les phrases ci-dessous après avoir écouté l'enregistrement.
a. **Peschiamo pesce a Scilla.** *Nous pêchons du poisson à Scilla.*
b. **Lascia parlare gli sciocchi.** *Laisse parler les sots.*
c. **Fischia quando la sciarpa è asciutta.** *Siffle quand l'écharpe est sèche.*

Pour vérifier l'assimilation des particularités de prononciation, cochez la case correspondant au son indiqué en phonétique française. Contrôlez vos réponses en fin d'ouvrage, dans la partie «Corrigés».

SON	k	tch	ch	g	dj
parchi *parcs*					
porci *cochons*					
giardino *jardin*					
prosciutto *jambon*					
fischiare *siffler*					
piccolo *petit*					
lasciare *laisser*					
lanciare *lancer*					
lunghissimo *très long*					

LE SON [GLI]

C'est un son particulier, proche du [ill] français de *fille* mais davantage « mouillé », prononcé avec la langue collée au palais.

Écoutez bien l'enregistrement et imitez-le de votre mieux.
a. **Mio figlio abita a Cagliari.** *Mon fils habite à Cagliari.*
b. **Voglio un altro foglio.** *Je veux une autre feuille.*
c. **Metti l'aglio nelle taglioline allo scoglio?** *Mets-tu de l'ail dans les tagliatelles aux fruits de mer [au rocher] ?*

◆ LES LETTRES

LA LETTRE Q

La lettre **q** est toujours suivie de la voyelle **u** et se prononce [kou] : **il qua**dro *le tableau.*

Lisez à haute voix les mots et les phrases ci-dessous après avoir bien écouté l'enregistrement.
a. Pasqua *Pâques*
b. i parchi acquatici *les parcs aquatiques*
c. Quanti quaderni volete? – Quarantaquattro. *Combien de cahiers voulez-vous ? – Quarante-quatre.*
d. Vieni qui! *Viens ici !*

LA LETTRE F

Il s'agit ici surtout d'une particularité orthographique, puisqu'on trouve un **f** dans de nombreux mots correspondant à des mots français qui contiennent le groupe **ph** : **l'ele**f**ante** *l'éléphant*, **la** f**armacia** *la pharmacie*, **la** f**oto** *la photo*, **la** f**iloso**f**ia** *la philosophie*.

Lisez à haute voix les mots et les phrases ci-dessous après avoir bien écouté l'enregistrement.
a. il fenomeno *le phénomène*
b. l'orchestra filarmonica *l'orchestre philharmonique*
c. Soffre di claustrofobia. *Il souffre de claustrophobie.*

LES DOUBLES CONSONNES

Quand deux consonnes identiques se suivent à l'intérieur d'un même mot, on prolonge leur son, comme si on l'exagérait. Cette nuance est importante, puisque certains mots se différencient uniquement par cette consonne simple ou double : **nona** *neuvième* / **nonna** *grand-mère*.
Il ne faut donc pas confondre **la Nona di Beethoven** *la Neuvième de Beethoven* avec **la nonna di Beethoven**, *sa grand-mère* !

Lisez à haute voix les mots et les phrases ci-dessous après avoir bien écouté l'enregistrement.
a. Ho tanta sete. *J'ai très soif.* / **ottantasette** *quatre-vingt-sept*
b. il tono di voce *le ton de la voix* / **il tonno in scatola** *le thon en boîte*
c. i tori di Siviglia *les taureaux de Séville* / **le torri di Siviglia** *les tours de Séville*
d. Arriva! *Il arrive !* / **a riva** *sur le rivage*

◆ L'ACCENT TONIQUE

L'accent tonique est mobile en italien. Il faut parfois connaître la prononciation d'un mot pour savoir où il se place. Même un Italien peut avoir besoin, pour lire un mot qu'il n'a jamais entendu, de consulter un dictionnaire pour être sûr de son accentuation ! Là encore, l'accent tonique peut changer la signification d'un mot (la lettre qui porte l'accent tonique est ici soulignée) :

L'**a**ncora est *l'ancre*, alors que anc**o**ra veut dire *encore*.
D'autres exemples : **i condòmini** *(les copropriétaires)*, **i condomìni** *(les copropriétés, et parfois simplement les immeubles)* ; **il perdòno** *(le pardon)*, p**e**rdono *(ils perdent)*.

• Les mots italiens prennent des noms bizarres selon la syllabe qui porte l'accent tonique. On les classe en :
– **parole piane** *les mots plats* : ils ont l'accent sur l'avant-dernière syllabe : **amìco** *ami* ; **mangiàre** *manger*.
– **parole sdrùcciole** *les mots glissants* : ils ont l'accent sur la troisième syllabe avant la fin : **ùltimo**, *dernier* ; **chiàmali**, *appelle-les*.
– **parole bisdrùcciole** *les mots doublement glissants* : ils ont l'accent quatre syllabes avant la fin : **àbitano** *ils habitent* ; **pòrtacelo** *apporte-le-nous* ; **dìteglielo** *dites-le-lui*.
– **parole tronche** *les mots tronqués* : on les appelle ainsi, car la syllabe finale existait dans la langue ancienne, mais elle est « tombée » depuis. Leur accent est sur la dernière syllabe et il est marqué graphiquement par un accent grave : **la città** *la ville*, **la virtù** *la vertu*.

En écoutant l'enregistrement, trouvez l'accent tonique dans les mots suivants et soulignez la syllabe accentuée. Contrôlez vos réponses en fin d'ouvrage, dans la partie «Corrigés».

Firenze *Florence*
canzone *chanson*
Federico *Frédéric*
cantavano *ils chantaient*
cantavamo *nous chantions*
felicità *bonheur*
macchina *voiture*
fantastico *fantastique*
raccontatemelo *racontez-le-moi*
raccontamelo *raconte-le-moi*

◆ LES VARIANTES RÉGIONALES

Nous n'analyserons pas ici d'autres particularités de la phonétique, comme les voyelles **e** et **o** ouvertes ou fermées, ou le son des consonnes **s** et **z** dures ou douces, car elles varient selon les régions, qui ont une plus grande importance en Italie que dans tout autre pays européen. Un Italien, selon sa région, parfois même selon sa ville ou son village de naissance, n'est pas sûr lui-même de la prononciation correcte d'un mot, parfois tout simplement… parce qu'elle n'existe pas !

En effet, si quelques vieux académiciens continuent à considérer le toscan (la langue de Dante, poète du XIVe siècle) comme la référence pour toute question linguistique, l'opinion la plus répandue est que l'on ne peut pas, devant l'extrême diversité des variantes régionales, décider qu'une seule est correcte, alors que des millions de locuteurs de langue maternelle en utilisent une autre ! C'est ainsi que ministres, chefs de gouvernement et professeurs universitaires, tout comme leurs compatriotes moins érudits, utilisent la phonétique de leurs régions d'origine, sans aucun complexe et même avec une certaine fierté. Pour un Toscan ou pour un Bolognais par exemple, la **pesca** (**e** ouvert, comme, justement, le **ê** de *pêche*) est la *pêche* au sens du fruit, alors que la **pesca** (**e** fermé, comme le **é** de *école*) est la *pêche des poissons* ; par contre, pour un Lombard ou pour un Vénète, il n'y a que la **pésca** (avec un **e** fermé), sans pour autant que le fruit sente le poisson !

◆ LES INTONATIONS AFFIRMATIVE, EXCLAMATIVE/EXHORTATIVE ET INTERROGATIVE

Terminons cette introduction consacrée à la phonétique par un petit exercice de théâtre. Seule l'intonation permet de comprendre la signification des phrases suivantes, puisque leurs structures sont identiques :
Andiamo. *Nous allons.*
Andiamo! *Allons-y !*
Andiamo? *Est-ce que nous y allons ?*

Lisez à haute voix les mots et les phrases ci-dessous après avoir écouté l'enregistrement en essayant de saisir la nuance entre une intonation et l'autre.
a. Andiamo. / **Andiamo!** / **Andiamo?**
b. Dimmi quanto hai speso. *Dis-moi combien tu as dépensé.*
Dimmi: quanto hai speso? *Dis-moi : combien as-tu dépensé ?*
Quanto hai speso! *Qu'est-ce que tu as dépensé !*
c. Sei di Milano. *Tu es de Milan.* / **Sei di Milano?** *Es-tu de Milan ?* /
Incredibile: sei di Milano! *C'est incroyable : tu es de Milan !*
d. Mangi più di me. *Tu manges plus que moi.* / **Mangi più di me?** *Manges-tu plus que moi ?* / **Mangi più di me!** *Tu manges plus que moi !*

I. SALUTATIONS ET PREMIERS CONTACTS

1. SE PRÉSENTER ET SALUER — 21

2. PARLER DE SOI — 29

3. TUTOYER ET VOUVOYER — 37

4. DEMANDER DES INFORMATIONS ET DES EXPLICATIONS — 45

5. DÉMARCHES ADMINISTRATIVES — 53

6. DÉCRIRE LES PERSONNES — 63

II. LA VIE QUOTIDIENNE

7. LES ACTIVITÉS DE LA JOURNÉE — 75

8. CHERCHER UN LOGEMENT — 83

9. DONNER RENDEZ-VOUS À UN AMI — 91

10. DEMANDER SON CHEMIN — 99

11. FAIRE SES COURSES — 107

12. ALLER CHEZ LE MÉDECIN — 115

III. EN VILLE

13.
ALLER À LA BANQUE — 125

14.
FAIRE UNE RÉCLAMATION
(AU BUREAU DE POSTE) — 133

15.
L'ENTRETIEN
D'EMBAUCHE — 141

16.
PARTICIPER
À UNE RÉUNION
DE TRAVAIL — 149

17.
AU TÉLÉPHONE — 157

18.
INFORMATIQUE
ET INTERNET — 165

19.
ÉCRIRE UN E-MAIL — 173

20.
DONNER DES INSTRUCTIONS
PRATIQUES — 181

IV. LES LOISIRS

21.
RÉSERVER UNE CHAMBRE
D'HÔTEL — 191

22.
À LA GARE, À L'AÉROPORT — 199

23.
LE SPORT ET
LE TEMPS LIBRE — 207

24.
LE CINÉMA
ET LE THÉÂTRE — 215

25.
ORGANISER
UNE EXCURSION
ENTRE AMIS — 223

26.
VISITER UNE
EXPOSITION — 231

27.
AU RESTAURANT — 239

28.
FAIRE DU SHOPPING — 247

I

SALUTATIONS

ET

PREMIERS

CONTACTS

1.
SE PRÉSENTER ET SALUER

PRESENTAZIONI E SALUTI

OBJECTIFS	NOTIONS
• SE PRÉSENTER • SALUER • PRENDRE CONGÉ	• LES ARTICLES DÉFINIS • LES NOMS EN -O • LE VERBE ESSERE AU PRÉSENT DE L'INDICATIF

LA NOUVELLE VOISINE

Carlo : Salut ! Moi, je m'appelle Carlo.
Et toi, comment t'appelles-tu ?

Luisa : Bonjour ! Je m'appelle [je suis] Luisa. Enchantée [plaisir] !

Carlo : Tu es la nouvelle voisine ?

Luisa : Oui, j'habite ici depuis hier ; je viens de Milan.

Carlo : Ah, tu es de Milan.

Luisa : Pas du tout [non non], nous sommes siciliens,
mais mes parents [les miens] travaillent dans le Nord [de l'Italie]
depuis des années.

Carlo : Moi, par contre, je suis d'ici, ma famille habite à Bologne
depuis des générations.

Luisa : C'est une belle ville, n'est-ce pas [vrai] ?

Carlo : Très belle ! C'est la mienne ! Et elle est pleine de jeunes !

Luisa : Bon, maintenant je dois aller en cours. Mon bus passe
dans deux minutes. Au revoir !

Carlo : Moi aussi je suis étudiant, tu sais ? Bon, au revoir !
À la prochaine ! Et… attention à ne pas manquer le bus !

LA NUOVA VICINA

Carlo: Ciao! Io mi chiamo Carlo. E tu come ti chiami?

Luisa: Buongiorno! Io sono Luisa. Piacere!

Carlo: Sei la nuova vicina?

Luisa: Sì, abito qui da ieri; vengo da Milano.

Carlo: Ah, sei di Milano.

Luisa: No no, siamo siciliani, ma i miei lavorano nel nord da anni.

Carlo: Io invece sono di qui, la mia famiglia abita a Bologna da generazioni e generazioni.

Luisa: È una bella città, vero?

Carlo: Bellissima! È la mia! Ed è piena di ragazzi!

Luisa: Beh, io adesso devo andare a lezione. Il mio autobus passa tra due minuti. Ci vediamo!

Carlo: Sono studente anch'io, sai? Beh, arrivederci! Alla prossima! E… attenzione a non perdere l'autobus!

■ COMPRENDRE LE DIALOGUE
SE SALUER

→ On utilise **buongiorno** *bonjour* ou **buonasera** *bonsoir*, en réservant **ciao** pour les relations confidentielles (ou entre jeunes).

→ **Salve** se situe entre les deux, mais mieux vaut l'éviter si l'on n'est pas sûr du degré de familiarité que l'on peut se permettre avec son interlocuteur.

SE PRÉSENTER

→ On se présente en disant : **Mi chiamo…** *Je m'appelle…* **Io mi chiamo Carlo.** *Moi, je m'appelle Carlo.*

→ On peut aussi utiliser **Piacere**, suivi de son prénom ou, dans un cadre plus formel, de son prénom et de son nom. La réponse est : **Piacere**, suivi directement de son prénom/nom : **Piacere, Luisa!** *Enchantée, Luisa !* **Piacere** signifie littéralement « *plaisir* », ce qui sous-entend : **È un piacere conoscerti!** *C'est un plaisir de te connaître !*

PRENDRE CONGÉ

Arrivederci est un mot passe-partout, qui vaut dans toutes les situations ; **ciao** peut aussi être utilisé pour prendre congé, comme **alla prossima** *à la prochaine* (un peu confidentiel) ou **ci vediamo**, littéralement *nous nous voyons*.

NOTE CULTURELLE

L'immigration interne au pays, du sud vers le nord, est en Italie un phénomène ancien (depuis la fin de la Seconde Guerre mondiale) et toujours très fréquent. À cause du développement économique plus important des régions septentrionales, il est plus facile d'y trouver du travail, et de nombreuses familles du Sud, comme celle de Luisa qui vient de Sicile, s'installent dans les villes du Nord. Pour une famille du Nord, comme celle de Carlo, il est au contraire très fréquent de vivre dans sa ville d'origine **da generazioni e generazioni…!**

◆ GRAMMAIRE
LES ARTICLES DÉFINIS

L'article défini – **il, lo, l', la** au singulier et **i, gli, le** au pluriel – change selon la lettre par laquelle commence le mot qui le suit.

L'apostrophe n'est utilisée qu'au singulier : **l'amica** *l'amie*, devient au pluriel **le amiche**.

	Masculin			Féminin	
	Devant consonne (sauf **gn**, **z**, **ps**, **s** + consonne)	Devant **gn, z, ps, s** + consonne	Devant voyelle	Devant consonne	Devant voyelle
SINGULIER	il il mio autobus	lo lo studente	l' l'autobus	la la vicina	l' l'amica
PLURIEL	i i miei	gli gli studenti, gli autobus		le le vicine, le amiche	

LES NOMS ET ADJECTIFS EN -O

De très nombreux noms et adjectifs se terminent au masculin singulier en **-o**, et forment le féminin singulier en changeant le **-o** en **-a**.
Au pluriel, ils se terminent par **-i** au masculin et par **-e** au féminin, selon le schéma suivant :

	Masculin	Féminin
SINGULIER	-o il siciliano	-a la siciliana
PLURIEL	-i i siciliani	-e le siciliane

LE PRONOM PERSONNEL SUJET

Les pronoms personnels sujets, **io, tu, lui/lei, noi, voi** et **loro**, sont presque toujours omis. On les utilise pour accentuer l'importance du sujet, le placer en opposition ou simplement le différencier d'une autre personne : **Io invece sono di qui.** *Moi, par contre, je suis d'ici.*

QUELQUES PRÉPOSITIONS

• **Da** signifie :
- *de* quand on indique la provenance d'un lieu : **vengo da Milano** *je viens de Milan* ;
- *depuis* dans une expression de temps : **da generazioni** *depuis des générations*.

- Remarquez la phrase **sei di Milano** *tu es de Milan*, où l'absence de verbe indiquant le mouvement impose la préposition **di**, qui introduit normalement le complément du nom.
- **Tra** est utilisé dans les expressions de temps pour indiquer un délai, avec le sens de *dans* : **tra due minuti**, *dans deux minutes*.

LA CONJONCTION E

La conjonction **e**, qui correspond au *et* français, devient **ed** devant une voyelle, mais cela n'est obligatoire que devant la voyelle **e** : **ed è piena di ragazzi!**

▲ CONJUGAISON
LE VERBE ESSERE être AU PRÉSENT DE L'INDICATIF

Voici le présent de l'indicatif du verbe **essere** *être*, qui est irrégulier. Il est précédé des pronoms personnels sujets, mais leur usage n'est pas obligatoire, comme vu précédemment.

(io) sono	je suis	(noi) siamo	nous sommes
(tu) sei	tu es	(voi) siete	vous êtes
(lui, lei) è	il, elle est	(loro) sono	ils, elles sont

Pour le présent de l'indicatif, voir le Module n°3.

⬢ EXERCICES

Certains exercices sont enregistrés ; ils sont signalés par le pictogramme 🔊. Vous devrez dans certains cas écouter l'audio pour pouvoir répondre correctement aux questions ; dans d'autres cas, vous devrez faire d'abord votre exercice et vérifier ensuite vos réponses à l'aide de l'audio. Toutes les réponses sont données dans la partie "Corrigés" en fin d'ouvrage.

1. COMPLÉTEZ AVEC L'ARTICLE DÉFINI ADAPTÉ.

a. .... città

b. .... studente

c. .... autobus

d. .... università

e. .... siciliane

1. Se présenter et saluer

VOCABULAIRE

abitare *habiter*
adesso *maintenant*
anch'io *moi aussi (***anche** *aussi)*
gli anni *les années (***l'anno** *l'an, l'année)*
l'autobus *la bus*
bella, bellissima *belle, très belle (***bello** *beau)*
chiamare (chiamarsi) *(s')appeler*
ciao *salut*
la città *la ville*
come *comment*
la famiglia *la famille*
le generazioni *les générations*
ieri *hier*
invece *au contraire, par contre ; au lieu de*
lavorare *travailler*
la lezione *le cours*
ma *mais*
i minuti *les minutes*
nuova *nouvelle (***nuovo** *nouveau, neuf)*
passare *passer*
perdere *manquer*
qui *ici*
i ragazzi *les jeunes (pluriel de* **il ragazzo** *le garçon./La fille se dit* **la ragazza**.*)*
sapere *savoir*
siciliano *sicilien*
lo studente *l'étudiant*
venire *venir*
la vicina *la voisine (***il vicino** *le voisin)*

2. COMPLÉTEZ LE TABLEAU SUIVANT.

Masculin singulier	Masculin pluriel	Féminin singulier	Féminin pluriel
Il vicino siciliano			
	I ragazzi belli		

3. ÉCOUTEZ L'ENREGISTREMENT ET COMPLÉTEZ CE DIALOGUE (ATTENTION : LES POINTS REMPLACENT UN SEUL MOT).

03

a. Come ti chiami? Io mi ………… Carlo.

b. Io ………… Martina, ……………………….

c. Abiti qui ……………… molto tempo?

d. ……………………………… qui da ieri.

e. Adesso devo andare; ………………….

f. Alla ……………………………………….

4. COMPLÉTEZ AVEC LA FORME CORRECTE DU VERBE ESSERE.

a. I miei ……… bolognesi da generazioni.

b. Noi invece …………………… siciliani.

c. Voi ……………………………… studenti.

d. Io ………… di Milano e tu di dove …………?

e. Bologna …………………… molto bella.

2. PARLER DE SOI

PARLARE DI SÉ

OBJECTIFS

- PARLER DE SOI
- DÉCLINER DES GÉNÉRALITÉS, SON ÂGE, SA NATIONALITÉ, SA PROFESSION…

NOTIONS

- LES ARTICLES INDÉFINIS
- VERBE AVERE avoir AU PRÉSENT DE L'INDICATIF

CAMARADES DE FACULTÉ

<u>Solveig</u> : Salut, je peux m'asseoir [voisin de toi] près de toi ?
Je suis ici depuis une semaine, et dans ce cours je ne connais
personne.

<u>Albert</u> : Bien sûr ! Assieds-toi ! Il y a justement une place libre ici !

<u>Solveig</u> : Je m'appelle Solveig, et toi, comment t'appelles-tu ?

<u>Albert</u> : Je m'appelle Albert, je suis belge, de Liège.
Toi, par contre, avec le prénom que tu as, tu es certainement
scandinave.

<u>Solveig</u> : Oui, je viens de Norvège, je suis ici pour apprendre
l'italien.

<u>Albert</u> : Moi aussi, j'en ai besoin pour mon travail.

<u>Solveig</u> : Quel est ton travail [quel travail tu fais] ?

<u>Albert</u> : Je suis [fais l'] ingénieur. Dans mon entreprise,
nous avons des rapports avec tous les pays du monde.

<u>Solveig</u> : Si jeune, tu es déjà ingénieur ? Mais quel âge as-tu ?

<u>Albert</u> : J'ai vingt-sept ans, et toi ?

<u>Solveig</u> : Moi, j'en ai vingt-huit et je suis encore une étudiante !

<u>Albert</u> : Dans les études, chacun a son rythme [ses temps] !
Et en plus, dans ton pays, vous avez d'excellentes écoles,
vous êtes très bons !

COMPAGNI DI FACOLTÀ

Solveig: Ciao, posso sedermi vicino a te? Sono qui da una settimana, e in questo corso non conosco nessuno.

Albert: Certo! Accomodati! C'è un posto libero proprio qui!

Solveig: Io mi chiamo Solveig, e tu come ti chiami?

Albert: Mi chiamo Albert, sono belga. Nato a Liegi.
Tu invece, con il nome che hai, sei di certo scandinava.

Solveig: Sì, vengo dalla Norvegia, sono qui per imparare l'italiano.

Albert: Anch'io, ne ho bisogno per il mio lavoro.

Solveig: Che lavoro fai?

Albert: Faccio l'ingegnere, nella mia ditta abbiamo rapporti con tutti i paesi del mondo.

Solveig: Così giovane sei già ingegnere? Ma quanti anni hai?

Albert: Ho ventisette anni, e tu?

Solveig: Io ne ho ventotto e sono ancora una studentessa!

Albert: Negli studi, ognuno ha i suoi tempi! E poi nel tuo paese avete delle ottime scuole, siete bravissimi!

■ COMPRENDRE LE DIALOGUE
INVITER QUELQU'UN À S'ASSEOIR OU À ENTRER

On dit **accomodati** pour inviter quelqu'un soit à entrer dans une pièce, soit à s'asseoir. Cela correspond à quelque chose comme : *Prends tes aises ! Je t'en prie !*

DEMANDER ET DIRE SON ÂGE

→ On demande l'âge par l'expression : **Quanti anni hai?** *Quel âge as-tu ?* La réponse est : **Ho … anni.** *J'ai … ans.*
→ Pour les nombres, voir le Module n°7.

DEMANDER LA PROFESSION, DIRE QUELLE EST SA PROFESSION

→ L'expression « consacrée », dans le langage courant est : **Che lavoro fai?** *Quel travail fais-tu ?*, éventuellement **Che mestiere fai?** *Quel est ton métier ?*, tandis que **Qual è la tua professione?** *Quelle est ta profession ?* est plus formel.
→ La réponse se construit aussi avec le verbe **fare** : **Faccio l'ingegnere.** *Je suis ingénieur.*
→ La forme avec le verbe **essere**, possible aussi, mais légèrement plus formelle, est souvent employée avec les professions liées à des diplômes : **Sono medico.** *Je suis médecin.*

NOTE CULTURELLE

En sortant du lycée, à dix-neuf ans (les études supérieures durent un an de plus qu'en France), les étudiants sont titulaires d'un diplôme de **maturità**, grâce auquel ils peuvent s'inscrire à l'université pour obtenir un autre titre, appelé **la laurea**. Il existe cependant deux **lauree** : **la laurea breve triennale** (*trois ans*), qui correspond à la licence, suivie de **la laurea biennale** (*deux ans*), équivalant à un master **Il dottorato di ricerca** est le diplôme de fin de troisième cycle d'études universitaires (trois années supplémentaires correspondant au doctorat).

◆ GRAMMAIRE
LES ARTICLES INDÉFINIS

Comme l'article défini, l'article indéfini change selon la première lettre du mot qui le suit. L'apostrophe n'est utilisée qu'au féminin : **un'amica** *une amie*, mais **un amico** *un ami*.

Au pluriel, on utilise l'article partitif, qui morphologiquement n'a aucun rapport avec l'article indéfini, étant une contraction de la préposition **di** + l'article défini (**degli** = **di** + **gli**). De toute façon, très souvent on l'omet au pluriel : **avete ottime scuole** au lieu de **avete delle ottime scuole.** *Vous avez d'excellentes écoles.* ; **abbiamo rapporti con tutti i paesi** au lieu de **abbiamo dei rapporti** *nous avons des rapports.*

	Masculin		Féminin	
	Devant consonne (sauf **gn, z, ps, s** + consonne) et devant voyelle	Devant **gn, z, ps, s** + consonne)	Devant une consonne	Devant une voyelle
SINGULIER	un un posto un amico	uno uno studente	una una studentessa	un' un'amica
	Devant consonne (sauf **gn, z, ps, s** + consonne)	Devant **gn, z, ps, s** + consonne) et devant voyelle	Devant consonne et voyelle	
PLURIEL	dei dei colleghi	degli degli studenti degli amici	delle delle ottime scuole delle amiche	

QUELQUES PRÉPOSITIONS

• **A** est utilisé :
- pour indiquer la direction vers un lieu : **vado a Milano** *je vais à Milan.*
- pour indiquer la proximité dans la locution **vicino a : posso sedermi vicino a te?** *je peux m'asseoir à côté de toi ?*
- il est également utilisé pour l'état dans un lieu, sans mouvement : **sono nato a Liege** *je suis né à Liège.*

• **Con** correspond à *avec* : **con il nome che hai** *avec le nom que tu as.*

• **In** signifie *dans* : **in questo corso** *dans ce cours* ; suivi d'un article défini, il forme un article contracté : **nel tuo paese** *dans ton pays* (**in** + **il** = **nel**, nous verrons les articles contractés dans le prochain module).

▲ CONJUGAISON
LE VERBE AVERE avoir AU PRÉSENT DE L'INDICATIF

Voici le présent de l'indicatif du verbe **avere**, qui est irrégulier.
La lettre **h** au début des trois premières et de la dernière personne ne se prononce pas.

(io) ho	*j'ai*
(tu) hai	*tu as*
(lui, lei) ha	*il, elle a*
(noi) abbiamo	*nous avons*
(voi) avete	*vous avez*
(loro) hanno	*ils, elles ont*

⬢ EXERCICES

1. COMPLÉTEZ AVEC L'ARTICLE INDÉFINI ADAPTÉ.

a. .... città

b. .... lavori

c. .... studente

d. .... studentessa

e. .... ingegneri

f. .... scuole

2. COMPLÉTEZ AVEC LE VERBE AVERE CONJUGUÉ.

a. Io e Luisa .... una bella casa.

b. Carlo .... un ottimo lavoro.

c. Nel vostro paese .... ottime scuole.

d. Tu .... un nome bellissimo.

VOCABULAIRE

belga *belge*
bravissimi *très bons* (**bravo** *bon* / **bravi** *bons*)
conoscere *connaître*
così *si*
il bisogno *le besoin*
il corso *le cours*
certo *bien sûr (sûrement)*
di certo *certainement*
la ditta *l'entreprise*
giovane *jeune*
imparare *apprendre*
l'ingegnere *l'ingénieur*
l'italiano *l'italien*
il lavoro *le travail*
libero *libre*
il mondo *le monde*
nessuno *personne*
il nome *le prénom*
ognuno *chacun*
ottimo *excellent*
il paese *le pays*
il posto *la place*
proprio *justement*
sedersi *s'asseoir*
la settimana *la semaine*
la studentessa *l'étudiante*
gli studi *les études* (**lo studio**, *l'étude*)
i tempi *litt. les temps, rythme* (**il tempo** *le temps*)
i rapporti *les rapports* (**il rapporto** *le rapport*)
scandinava *scandinave* (**scandinavo** *scandinave au masculin*)
la scuola *l'école*

3. ÉCOUTEZ L'ENREGISTREMENT ET COMPLÉTEZ CES PHRASES (ATTENTION : LES POINTS REMPLACENT UN SEUL MOT).

a. Posso sedermi vicino .... te?

b. Certo, ...!

c. Che .... fai?

d. .... l'ingegnere.

e. .... anni hai?

f. .... trent'anni.

4. COMPLÉTEZ LE TABLEAU SUIVANT.

Masculin singulier	Masculin pluriel	Féminin singulier	Féminin pluriel
Uno scandinavo			
	Dei ragazzi bravissimi		

3.
TUTOYER ET VOUVOYER

DARE DEL TU E DARE DEL LEI

OBJECTIFS

- S'ADRESSER À UN ÉTRANGER POUR AVOIR DES RENSEIGNEMENTS
- S'EXCUSER
- REMERCIER
- MARQUES DE POLITESSE

NOTIONS

- LES NOMS ET LES ADJECTIFS EN -E
- LES ARTICLES CONTRACTÉS
- LE 1ER GROUPE DE VERBES RÉGULIERS EN -ARE AU PRÉSENT DE L'INDICATIF

J'AI BESOIN D'UN RENSEIGNEMENT

Linda : Bonjour monsieur, excusez-moi si je vous dérange.
J'ai besoin d'un renseignement.

Agent municipal : Vous ne me dérangez pas du tout,
mademoiselle.

Linda : Je voudrais savoir dans quelle ville nous sommes ;
je viens juste d'arriver en voiture.

Agent municipal : Nous sommes à Scilla, une très belle ville
de bord de mer. Les gens viennent du monde entier
pour notre mer et pour notre excellent poisson. Bienvenue !

Linda : Je vous remercie beaucoup, monsieur.

Agent municipal : D'où êtes-vous ?

Linda : Je suis canadienne, je viens de Montréal. Je parle
assez bien italien, mais j'ai du mal à [je fais fatigue à] vouvoyer !

Agent municipal : Alors tutoie-moi ! Il n'y a pas de problème !
Quel travail fais-tu à Montréal ?

Linda : Je suis professeur, j'enseigne l'histoire et la géographie.

Agent municipal : Alors peut-être que tu désires également
des renseignements sur les monuments à visiter ;
va à l'office de tourisme [au bureau du tourisme] ici, en face,
ils ont des dépliants en anglais et en français.

Linda : Merci beaucoup, monsieur l'agent ! Vous êtes très gentil !
Non, excuse-moi : tu es très gentil. Je te remercie.

Agent municipal : Il n'y a pas de quoi, merci à toi !

05 HO BISOGNO DI UN'INFORMAZIONE

Linda: Buongiorno, signore, scusi se la disturbo. Ho bisogno di un'informazione.

Vigile urbano: Lei non mi disturba affatto, signorina.

Linda: Vorrei sapere in che città siamo; sono appena arrivata in macchina.

Vigile urbano: Siamo a Scilla, una bellissima città sul mare. La gente viene da tutto il mondo per il nostro mare ed il nostro ottimo pesce. Benvenuta!

Linda: La ringrazio molto, signore.

Vigile urbano: Di dov'è lei?

Linda: Sono canadese, vengo da Montréal. Parlo abbastanza bene italiano, ma faccio fatica a dare del lei!

Vigile urbano: Allora dammi del tu! Non c'è problema! Che lavoro fai a Montréal?

Linda: Faccio l'insegnante, insegno storia e geografia.

Vigile urbano: Allora forse desideri anche informazioni sui monumenti da visitare; vai all'ufficio turistico qui di fronte, hanno depliant in inglese e in francese.

Linda: Grazie mille, signor vigile! Lei è molto gentile! No, scusa: tu sei molto gentile... Ti ringrazio.

Vigile urbano: Non c'è di che, grazie a te!

COMPRENDRE LE DIALOGUE
TUTOYER ET VOUVOYER : LA FORME DE POLITESSE

La forme de politesse est obligatoire dans des situations formelles (travail, etc.). Cependant, on passe avec facilité du vouvoiement au tutoiement. On vouvoie en utilisant la 3e personne du singulier accordée au féminin (cela correspondrait à *Sa Seigneurie*). On dit **dare del tu,** littéralement *donner du tu* pour tutoyer et **dare del lei** littéralement *donner du vous*, ou plutôt *du elle* pour vouvoyer.

TUTOIEMENT	VOUVOIEMENT
Scusa! *Excuse-moi !*	**Scusi!** *Excusez-moi !*
Accomodati! *Je t'en prie !*	**Si accomodi!** *Je vous en prie !*
Come stai? *Comment vas-tu ?*	**Come sta?** *Comment allez-vous ?*
Come ti chiami? *Comment t'appelles-tu ?*	**Come si chiama?** *Comment vous appelez-vous ?*
Di dove sei? *D'où es-tu ?*	**Di dov'è lei?** *D'où êtes-vous ?*
Ti ringrazio. *Je te remercie.*	**La ringrazio.** *Je vous remercie.*
Arrivederci! *Au revoir !*	**Arrivederla!** *Au revoir !*

REMERCIER

Souvent, après **grazie** *merci*, on place le mot **mille** *mille* ou **tante** *tant*, en sous-entendant **volte** *fois* : **grazie mille** *merci mille fois* et **grazie tante** *merci tant de fois*. Une réponse possible est : **Non c'è di che.** *Il n'y a pas de quoi.*

APPENA

Sono appena arrivata : pour rendre le passé immédiat, on place l'adverbe **appena** entre le verbe auxiliaire, ici **essere** *être*, et le participe passé. L'équivalent français est *Je viens juste d'arriver*.

NOTE CULTURELLE

Le **vigile urbano** est **l'agente di polizia municipale** *l'agent de la police municipale* : il s'agit de l'ancienne appelation de ce dernier, qui est encore très utilisée. Dépendant du maire, il répond à la même hiérarchie que la police nationale (**comandante**, **ufficiale**, etc.). **I vigili urbani** sont préposés à la circulation routière, mais aussi à l'état civil, au contrôle des activités commerciales (les marchés, etc), de la fiscalité (taxes municipales, etc.) et bien sûr à la sécurité, en collaboration avec les polices nationales : **i carabinieri**, équivalent *des gendarmes* et **la polizia**, équivalent de *la police*.

◆ GRAMMAIRE
LES NOMS ET ADJECTIFS EN -E

Un autre groupe de noms et adjectifs se termine au masculin singulier par **-e**, et ils restent inchangés au féminin singulier. Au pluriel, ils se terminent par **-i** à la fois au masculin et au féminin, selon le schéma suivant :

	Masculin	Féminin
SINGULIER	**-e** il canadese gentile	**-e** la canadese gentile
PLURIEL	**-i** i canadesi gentili	**-i** le canadesi gentili

QUELQUES PRÉPOSITIONS

• **In** indique aussi (voir autres emplois Module n°2) :
- le moyen : **Sono arrivata in macchina.** *Je suis arrivée en voiture.*
- la langue : **Sia in inglese che in francese** *En anglais et en français*

• Remarquez un autre emploi de **da**, indiquant une finalité : **i monumenti da visitare**, *les monuments à visiter*. C'est pour cela que l'on dira **una tazza da caffè** pour *une tasse à café* et **una tazza di caffè** pour *une tasse de café*.

• **Su** correspond à *sur* :
- dans le sens locatif : **una città sul mare**, littéralement *une ville sur la mer*.
- quand il indique le sujet, l'argument : **informazioni sui monumenti** *des renseignements sur les monuments*.
Remarquez que **sul** et **sui** sont des articles contractés, où la préposition fusionne avec l'article (voir le tableau page suivante).

LES ARTICLES CONTRACTÉS

Les prépositions **a, di, da, in, con, su**, lorsqu'elles sont suivies d'un article défini, fusionnent en formant un article contracté de la manière suivante :

	il	lo	l'	la	i	gli	le
a	al	allo	all'	alla	ai	agli	alle
di	del	dello	dell'	della	dei	degli	delle
da	dal	dallo	dall'	dalla	dai	dagli	dalle
in	nel	nello	nell'	nella	nei	negli	nelle
con	col	collo	coll'	colla	coi	cogli	colle
su	sul	sullo	sull'	sulla	sui	sugli	sulle

Par exemple : **su + i monumenti = sui monumenti, su + il mare = sul mare**.

Toujours obligatoire dans les autres cas, la formation de l'article contracté est facultative seulement avec la préposition **con** : par exemple, on pourra aussi bien dire **con il vigile** que **col vigile**.

▲ CONJUGAISON
LE PREMIER GROUPE DE VERBES RÉGULIERS EN -ARE AU PRÉSENT DE L'INDICATIF

Les verbes réguliers ayant l'infinitif en **-are** forment le présent de l'indicatif selon le modèle suivant (les désinences sont en couleur) :

Verbe **parl**are *parler*
(io) parlo *je parle*
(tu) parli *tu parles*
(lui, lei) parla *il, elle parle*
(noi) parliamo *nous parlons*
(voi) parlate *vous parlez*
(loro) pa**rl**ano *ils, elles parlent*

D'autres verbes en **-are** vus dans le dialogue : **disturbare** *déranger*, **desiderare** *désirer*, **arrivare** *arriver*, **ringraziare** *remercier*, **dare** *donner*, **fare** *faire*, **visitare** *visiter*.

VOCABULAIRE

abbastanza *assez*
affatto *pas du tout*
benvenuta *bienvenue (au féminin. Pour le masculin on dira* **benvenuto** *: l'italien utilise l'adjectif, qui s'accorde donc en genre et en nombre)*
bisogno *besoin*
canadese *canadien*
il (i) depliant *le dépliant (attention, le mot est invariable en italien)*
di fronte *en face*
dove *où*
la fatica *la fatigue*
forse *peut-être*
il francese *français*
la gente *les gens (attention, le mot est singulier en italien)*
gentile *gentil/gentille*
la geografia *la géographie*
l'informazione *le renseignement*
l'inglese *l'inglese*
l'insegnante *le professeur*
insegnare *enseigner*
la macchina *la voiture*
il mare *la mer*
i monumenti *les monuments*
il pesce *le poisson*
il problema *le problème*
scusi *excusez-moi (forme de politesse. Pour dire excuse-moi, on dit* **scusa***)*
se *si*
signore *monsieur (***signora***, dame/madame)*
signorina *mademoiselle*
la storia *l'histoire*
l'ufficio turistico *l'office de tourisme*
volere *vouloir*

EXERCICES

1. COMPLÉTEZ AVEC LE PRÉSENT DE L'INDICATIF DU VERBE INDIQUÉ ENTRE PARENTHÈSES.

Exemple : Noi canadesi … inglese e francese. (parlare) → Noi canadesi **parliamo** inglese e francese.

a. Buongiorno signorina, scusi se la ...., ho bisogno di un'informazione. (disturbare)

b. Che informazione ...., signore? (desiderare)

c. Tutti i turisti che .... di qua .... in macchina. (passare – arrivare)

d. Se .... delle informazioni, domandate al vigile urbano. (desiderare)

e. Io mi .... Giuseppe, e tu come ti .... ? (chiamare)

2. COMPLÉTEZ LE TABLEAU SUIVANT.

Masculin singulier	Masculin pluriel	Féminin singulier	Féminin pluriel
L'insegnante canadese			
	I francesi gentili		

3. ÉCOUTEZ L'ENREGISTREMENT ET COMPLÉTEZ CES PHRASES.

05

a. Lei di .... ?

b. .... canadese, vengo .... Montréal.

c. Scusi, ho .... di un'informazione.

d. Che informazione .... ?

e. La gente viene .... tutto il mondo per il nostro mare.

4. COMPLÉTEZ AVEC L'ARTICLE CONTRACTÉ CORRESPONDANT À L'ARTICLE ET À LA PRÉPOSITION ENTRE PARENTHÈSES.

a. Abito .... (**in+la**) città di Milano.

b. Ho bisogno di informazioni .... (**su + la**) città di Bologna.

c. Vengo .... (**da + l'**) università.

d. Domandiamo .... (**a + il**) vigile.

e. Arrivi .... (**con + la**) macchina di Piero.

4. DEMANDER DES INFORMATIONS ET DES EXPLICATIONS

CHIEDERE INFORMAZIONI E SPIEGAZIONI

OBJECTIFS

- POSER DES QUESTIONS
- DIRE QUE L'ON N'A PAS COMPRIS
- EXPRIMER SON ACCORD/ DÉSACCORD

NOTIONS

- NOMS ET ADJECTIFS : RÈGLES D'ACCORD
- LES FORMES INTERROGATIVE ET NÉGATIVE
- LA PRÉPOSITION A
- LE 2^E GROUPE DE VERBES RÉGULIERS EN -ERE AU PRÉSENT DE L'INDICATIF

LE CLIENT A TOUJOURS RAISON

Karen : Bonsoir. Excusez-moi, combien coûtent les chaussures noires qui sont dans la vitrine ?

Vendeur : Je suis désolé, je n'ai pas compris : lesquelles voulez-vous voir ? Il y a tant de chaussures dans la vitrine ! Celles plates [basses] ou celles à talons [avec un talon] ?

Karen : Celles à talons, s'il vous plaît.

Vendeur : Oui, maintenant j'ai compris : il y a une seule paire à talons. C'est une excellente occasion, mademoiselle. Elles coûtent seulement soixante euros, et si vous prenez les plates aussi, je les vends ensemble pour cent euros.

Karen : Non, merci, seulement celles à talons m'intéressent.

Vendeur : Réfléchissez-y [Pensez-y bien], mademoiselle, c'est une vraie affaire, un prix vraiment intéressant. D'ailleurs, personnellement je trouve qu'à une fille de votre âge les chaussures plates vont mieux.

Karen : Je regrette mais je ne suis pas d'accord, et je veux celles à talons.

Vendeur : Certainement, mademoiselle : « le client a toujours raison » !

Karen : Bon, je vais faire un tour et je réfléchis [j'y pense un peu dessus]… À quelle heure fermez-vous ?

Vendeur : Nous fermons dans une heure, vous avez tout le temps pour réfléchir. Les autres magasins ferment à sept heures, mais nous, nous restons ouverts jusqu'à huit heures.

Karen : Pouvez-vous répéter le prix, s'il vous plaît ? Je ne m'en souviens pas, je l'ai oublié.

Vendeur : Soixante euros, et cent euros si vous achetez les autres aussi !

Karen : Merci, à plus tard.

Vendeur : Vous avez bien compris notre offre, mademoiselle, n'est-ce pas ?

Karen : J'ai très bien compris, merci. Au revoir.

06 IL CLIENTE HA SEMPRE RAGIONE

Karen: Buonasera. Scusi, quanto costano le scarpe nere che sono in vetrina?

Commesso: Mi dispiace, non ho capito: quali vuole vedere? Ci sono tante scarpe in vetrina! Quelle basse o quelle col tacco?

Karen: Quelle con il tacco, per favore.

Commesso: Sì, ora ho capito: c'è un solo paio col tacco. Sono un'ottima occasione, signorina. Costano solo sessanta euro, e se prende anche quelle basse le vendo insieme a cento euro.

Karen: No, grazie, mi interessano solo quelle con il tacco.

Commesso: Ci pensi bene, signorina, è un vero affare, un prezzo davvero conveniente. E poi personalmente trovo che ad una ragazza della sua età stanno meglio le scarpe basse.

Karen: Mi dispiace ma non sono d'accordo, e voglio quelle col tacco.

Commesso: Certamente, signorina: "il cliente ha sempre ragione!"

Karen: Va bene, vado a fare un giro e ci penso un po' su… A che ora chiudete?

Commesso: Chiudiamo tra un'ora, ha tutto il tempo per riflettere. Gli altri negozi chiudono alle sette, ma noi rimaniamo aperti fino alle otto.

Karen: Può ripetere il prezzo, per favore? Non lo ricordo, l'ho dimenticato.

Commesso: Sessanta euro, e cento euro se prende anche le altre!

Karen: Grazie, a più tardi.

Commesso: Ha capito bene la nostra offerta, signorina, vero?

Karen: Ho capito benissimo, grazie. Arrivederci.

COMPRENDRE LE DIALOGUE
DIRE QUE L'ON N'A PAS COMPRIS

→ On utilise le verbe **capire** *comprendre*, à la forme négative : **Non ho capito.** *Je n'ai pas compris.* ou **non capisco.** *Je ne comprends pas.* éventuellement accompagné de **scusi** ou **mi dispiace** *je suis désolé(e)*.

DEMANDER DE RÉPÉTER

→ **Può ripetere il prezzo, per favore?** *Pouvez-vous répéter le prix, s'il vous plaît ?*
→ On peut utiliser aussi **non ho capito** *je n'ai pas compris*, ou bien, comme dans le dialogue, **non ricordo** *je ne me souviens pas* / **ho dimenticato** *j'ai oublié*.
→ Si vous voulez que la personne le répète plus lentement, vous pouvez dire : **Può ripetere lentamente, per favore?** *Pouvez-vous répéter plus lentement, s'il vous plaît ?*

C'È, CI SONO

→ L'expression **c'è** correspond à *il y a* au sens locatif : **c'è un solo paio** *il y a une seule paire*. Au pluriel, cela donne **ci sono** : **ci sono tante scarpe** *il y a tant de chaussures*.
→ Attention, pour le sens temporel de l'expression *il y a*, on utilise une autre forme, en plaçant le mot **fa** après l'expression de temps : **dieci minuti fa** *il y a dix minutes*.

DEMANDER UN PRIX, UN RENSEIGNEMENT, UN HORAIRE, ETC.

→ Remarquez les expressions interrogatives du dialogue, très utiles dans la vie quotidienne :
- pour demander un prix : **Quanto costa?** (au singulier), **Quanto costano?** (au pluriel) *Combien ça coûte ?* ;
- pour indiquer un objet : **Quale vuole?** (pour un seul) *Lequel voulez-vous ?*, **Quali vuole?** (pour plusieurs) *Lesquels voulez-vous ?* ;
- pour demander un horaire : **A che ora chiudete?** *À quelle heure fermez-vous ?*

SOLO

→ C'est à la fois un adjectif en **-o** (**un solo paio** *une seule paire*) et un adverbe qui signifie seulement (**Costano solo sessanta euro**, *Elles coûtent seulement soixante euros*) ; dans ce dernier cas il est bien sûr invariable.

4. Demander des informations et des explications

NOTE CULTURELLE

L'Italie a adopté l'euro comme devise, en abandonnant sa vieille lire, au 1er janvier 2002. Les personnes plus âgées reprochent à cette nouvelle monnaie une augmentation des prix qui fait qu'encore aujourd'hui, beaucoup d'Italiens ont « une dent » contre l'euro. En effet, officiellement 1 € correspond à presque 2 000 lires (1936,27), mais en pratique 1 € a été considéré comme l'équivalent de 1 000 lires : petit à petit les prix ont donc doublé. Mais il faut aller de l'avant : **avanti!**

◆ GRAMMAIRE
NOMS ET ADJECTIFS : RÈGLES D'ACCORD

Pour accorder un nom de la première classe, en **-o** (exemple : **il vicino** *le voisin*, voir Module n°1) et un adjectif de la deuxième, en **-e** (exemple : **canadese** *canadien*, voir Module n°3), ou le contraire, il faut tenir compte de la morphologie de l'une et de l'autre : **il vicino canadese** *le voisin canadien* devient, au féminin singulier, **la vicina canadese** *la voisine canadienne* et au féminin pluriel **le vicine canadesi** *les voisines canadiennes*.

LA FORME INTERROGATIVE

La phrase interrogative a la même structure que la phrase affirmative : à l'écrit, elle est suivie d'un point d'interrogation, et à l'oral elle est prononcée avec une intonation interrogative, correspondant en italien à une sorte de phrase musicale ascendante.
Exemple : **Ha capito.** *Vous avez compris.* **Ha capito?** *Avez-vous compris ?*

LA FORME NÉGATIVE

La phrase négative se forme en plaçant la conjonction **non** devant le verbe.
Exemple : **Ho capito.** *J'ai compris.* **Non ho capito.** *Je n'ai pas compris.*
La phrase interro-négative est une simple phrase négative suivie d'un point d'interrogation et prononcée avec l'intonation interrogative.
Exemple : **Non ha capito?** *N'avez-vous pas compris ?*

LA PRÉPOSITION A

La préposition **a**, *à* (voir emplois p. 33) devient obligatoirement **ad** devant la voyelle **a** et à titre facultatif devant les autres voyelles : on peut donc dire **ad una ragazza della sua età** ou bien **a una ragazza…**

▲ CONJUGAISON
LE DEUXIÈME GROUPE DE VERBES RÉGULIERS EN -ERE AU PRÉSENT DE L'INDICATIF

Les verbes réguliers ayant l'infinitif en **-ere** forment le présent de l'indicatif selon le modèle suivant (les désinences sont en couleur) :

Verbe **prend**ere *prendre*
(io) prendo *je prends*
(tu) prendi *tu prends*
(lui, lei) prende *il, elle prend*
(noi) prendiamo *nous prenons*
(voi) prendete *vous prenez*
(loro) pre**nd**ono *ils, elles prennent*

D'autres verbes en **-ere** vus dans le dialogue : **ved**e**re** *voir*, **pr**e**ndere** *prendre*, **v**e**ndere** *vendre*, **dispiac**e**re** *regretter/être désolé*, **chi**u**dere** *fermer*, **rifl**e**ttere** *réfléchir*, **riman**e**re** *rester*, **rip**e**tere** *répéter*

● EXERCICES

1. TOURNEZ À LA FORME NÉGATIVE.

Exemple : Parlo italiano. → Non parlo italiano.

a. Abitiamo a Bologna. → ....

b. Riflettete un po'. → ....

c. Vendono scarpe. → ....

2. LISEZ ET ÉCOUTEZ CHAQUE PHRASE. TOURNEZ-LA À LA FORME INTERROGATIVE ET ÉCOUTEZ L'ENREGISTREMENT. ENTRAÎNEZ-VOUS À LA PRONONCER EN CHANGEANT D'INTONATION.

Exemple : Parli italiano. → Parli italiano?

a. Vuole vedere le scarpe nere. → ....

b. Hai capito la nostra offerta. → ....

c. C'è un posto libero vicino a te. → ....

VOCABULAIRE

l'affare *affaire*
gli altri *les autres*
a più tardi *à plus tard*
basse *basses (plates)*
bene/benissimo *bien/très bien*
buonasera *bonsoir*
capire *comprendre*
certamente *certainement*
il cliente *le client*
il commesso *le vendeur*
conveniente *intéressant, bon marché*
costare *coûter*
davvero *vraiment*
dimenticare *oublier*
l'età *l'âge*
l'euro *l'euro (attention, en italien le mot est invariable)*
il giro *le tour*
insieme *ensemble*
interessare *intéresser*
i negozi, *les magasins (***il negozio** *le magasin)*
nere *noires (***nero** *noir)*
l'occasione *l'occasion*
l'offerta *l'offre*
ora *maintenant*
il paio *la paire*
pensare *penser*
personalmente *personnellement*
un po' *un peu (attention,* **po'** *est un mot tronqué (***poco***), il faut donc mettre une apostrophe et non un accent)*
poi *puis (d'ailleurs)*
il prezzo *le prix*
quanto *combien*
la ragione *la raison*
ricordare *se souvenir*
le scarpe *les chaussures* (**la scarpa** *la chaussure*)
sempre *toujours*
stare meglio *aller mieux*
su *sur, dessus*
il tacco *le talon*
il tempo *le temps*
trovare *trouver*
tutto *tout*
vero *vrai*
la vetrina *la vitrine*

3. TRANSFORMEZ LE SINGULIER EN PLURIEL.

a. il prezzo conveniente → ....

b. l'offerta eccezionale → ....

c. il cliente fortunato → ....

4. TRANSFORMEZ LE MASCULIN EN FÉMININ.

a. il cliente siciliano → ....

b. il commesso gentile → ....

c. il vicino canadese → ....

5. COMPLÉTEZ AVEC LE PRÉSENT DE L'INDICATIF DU VERBE INDIQUÉ ENTRE PARENTHÈSES.

Exemple : La commessa........................ scarpe. (vendere) → La commessa vende scarpe.

a. A che ora .... i negozi? (chiudere)

b. Signorina, ... le scarpe nere in vetrina? (vedere)

c. Prima di parlare, di solito io .... (riflettere)

d. Noi per andare al lavoro .... l'autobus, e voi? (prendere)

5. DÉMARCHES ADMINISTRATIVES

PRATICHE AMMINISTRATIVE

OBJECTIFS

- **FAIRE DE SIMPLES DÉMARCHES ADMINISTRATIVES**
- **PARLER DE SA SITUATION PERSONNELLE, DE SA FAMILLE, DE SON ENTOURAGE**
- **ÉPELER SON NOM**

NOTIONS

- **L'ALPHABET ET LES NOMS DES VILLES ITALIENNES**
- **LES PRONOMS ET ADJECTIFS POSSESSIFS**
- **PLURIELS ET FÉMININS PARTICULIERS**
- **LE 3ᴱ GROUPE DE VERBES RÉGULIERS EN -IRE AU PRÉSENT DE L'INDICATIF**
- **LES VERBES EN -CARE ET -GARE**

L'INSCRIPTION AU COURS D'ITALIEN

Eleni : Pardon, je peux entrer ? Est-ce mon tour ?

Employé : Entrez donc !

Eleni : Bonjour, je voudrais faire l'inscription au cours d'italien pour étrangers.

Employé : Certainement ! Beaucoup d'étudiants et d'étudiantes apprennent l'italien ici, chez nous. Avez-vous un papier d'identité sur vous ?

Eleni : Oui, je vais le chercher [maintenant je le cherche] dans mon sac… Non, je regrette, je ne l'ai pas.

Employé : Ça ne fait rien, nous allons faire la déclaration sur l'honneur [l'autocertification]. Comment vous appelez-vous, mademoiselle, quel âge avez-vous et quelle est votre nationalité ?

Eleni : Je m'appelle Eleni Dellis, j'ai vingt-trois ans et je suis grecque, d'Athènes.

Employé : Excusez-moi, Eleni ça s'écrit comme cela : E comme Empoli, L comme Livourne, E comme Empoli, N comme Naples e I comme Imperia ?

Eleni : Oui, exactement comme ça.

Employé : Avez-vous une adresse ici à Pérouse ?

Eleni : Oui, 5, rue Garibaldi.

Employé : Pour décider le coût de l'inscription, nous avons besoin de votre ISEE. Vous comprenez ?

Eleni : Non, qu'est-ce que c'est que l'ISEE?

Employé : C'est un document qui certifie les revenus de la famille, en gros [en somme], plus tu es riche, plus tu paies…

Eleni : Nous ne sommes pas riches, mon père est employé, ma mère est femme au foyer, mon frère est étudiant et ma sœur malheureusement est au chômage…

Employé : Il faut aussi deux photos. Vous me les apportez demain ?

Eleni : Oui, d'accord.

Employé : Maintenant, vous devez payer la première tranche pour recevoir à cette adresse la carte de l'école. Si vous préférez, vous pouvez payer tout tout de suite, mais il faut l'ISEE pour décider la somme.

Eleni : Non, je préfère payer en plusieurs fois, merci.

07 L'ISCRIZIONE AL CORSO DI ITALIANO

Eleni: Permesso, posso entrare? Tocca a me?

Impiegato: Si accomodi pure!

Eleni: Buongiorno, vorrei fare l'iscrizione al corso di italiano per stranieri.

Impiegato: Certamente! Tanti studenti e studentesse imparano l'italiano qui da noi. Ha un documento d'identità con lei?

Eleni: Sì, ora lo cerco nella borsa… No, mi dispiace, non ce l'ho.

Impiegato: Non fa niente, facciamo l'autocertificazione. Come si chiama, signorina, quanti anni ha e qual è la sua nazionalità?

Eleni: Mi chiamo Eleni Dellis, ho ventitré anni e sono greca, di Atene.

Impiegato: Scusi, Eleni si scrive così: E come Empoli, L come Livorno, E come Empoli, N come Napoli e I come Imperia?

Eleni: Sì, proprio così.

Impiegato: Ha un indirizzo qui a Perugia?

Eleni: Sì, via Garibaldi 5.

Impiegato: Per decidere il costo dell'iscrizione abbiamo bisogno del suo ISEE. Capisce?

Eleni: No, che cos'è l'ISEE?

Impiegato: È un documento che certifica il reddito della famiglia, insomma più sei ricco e più paghi…

Eleni: Noi non siamo ricchi, mio padre fa l'impiegato, mia madre è casalinga, mio fratello è studente e mia sorella purtroppo è disoccupata…

Impiegato: Ci vogliono anche due foto. Me le porta domani?

Eleni: Sì, va bene.

Impiegato: Ora lei deve pagare la prima rata per ricevere a questo indirizzo la tessera della scuola. Se preferisce può pagare tutto subito, ma ci vuole l'ISEE per decidere la somma.

Eleni: No, preferisco pagare a rate, grazie.

COMPRENDRE LE DIALOGUE
DEMANDER SI ON PEUT ENTRER, S'ASSEOIR, ETC.

On utilise l'expression **permesso** pour demander la permission d'entrer dans une pièce chez quelqu'un, mais aussi pour s'asseoir ou pour passer, si par exemple l'on doit passer devant quelqu'un : dans ce dernier cas, cela correspond à *pardon*. Remarquez la conjonction **pure** qui renforce la réponse affirmative : **Si accomodi pure!** *Entrez donc !*

TOCCA A ME ?

Cette expression est utilisée pour indiquer que son tour est arrivé dans une file d'attente ou pendant un jeu, dans le sens de *c'est à toi de jouer* : **tocca a te!**

CE L'HO, NON CE L'HO...

Dans la langue parlée, on place parfois la particule **ce** avant le verbe **avere** précédé du pronom **l'** ; cet élément de la phrase ne se traduit pas : **ce l'avete** *vous l'avez*, **non ce l'ho** *je ne l'ai pas*, etc.

CI VUOLE, CI VOGLIONO...

Ces deux formules, la première pour le singulier, la seconde pour le pluriel, indiquent la nécessité de quelque chose, comme quand *il faut* est suivi d'un nom en français : **ci vuole una foto** *il faut une photo* ; **ci vogliono due foto** *il faut deux photos*.

VA BENE

Souvent, cette expression signifie simplement *d'accord*, comme dans d'autres cas *ça va*.

ÉPELER UN NOM : L'ALPHABET ITALIEN ET LES NOMS DES VILLES

• On utilise les lettres initiales des noms des grandes villes italiennes pour épeler un mot, à l'exception de la lettre **h** pour laquelle on utilise un nom commun facile : **hotel**.

• Les lettres **j, k, w, x, y** n'appartiennent pas à l'alphabet italien, et sont donc assez rarement utilisées. Il suffit alors de dire le nom de la lettre : **i lunga** (j), **cappa** (k), **vu doppia** (w), **ics** (x), **ipsilon** ou **i greca** (y).

A	Ancona	N	N<u>a</u>poli
B	Bologna Bari	O	<u>O</u>tranto
C	Como	P	Palermo P<u>a</u>dova
D	Domod<u>o</u>ssola	Q	Quarto
E	<u>E</u>mpoli	R	Roma
F	Firenze	S	Savona Salerno
G	G<u>e</u>nova	T	Torino T<u>a</u>ranto
H	hotel	U	<u>U</u>dine
I	<u>I</u>mola Imperia	V	Venezia
L	Livorno	Z	Zara
M	Milano		

NOTES CULTURELLES

• Introduite en 1968 et élargie en 1997, **l'autocertificazione** *la déclaration sur l'honneur*, permet aux Italiens de certifier leur état civil, leurs diplômes, etc. sans produire de documents officiels.

• L'**ISEE** est **l'Indicatore della Situazione Economica Equivalente,** littéralement, *l'indice de la situation économique équivalente* : c'est l'équivalent du revenu fiscal de référence français.

◆ GRAMMAIRE
PLURIELS PARTICULIERS

• Noms invariables : Le mot **la nazionalità** ne change pas au pluriel, ainsi que tous les mots terminant par une voyelle accentuée : **l'università, le università**.

• Noms terminant par **-co** et par **-go** : Pour garder le son [k], les mots en **-co** prennent un **h** avant le **i** ou le **e** du pluriel, en changeant **-co** (masculin) et **-ca** (féminin) en **-chi** et **-che** : **ricco, ricchi, ricca, ricche**. Bien sûr, les exceptions sont nombreuses : **greco, greci** (son [tchi]), **l'amico, gli amici**, et les mots ayant l'accent tonique sur l'avant-avant-dernière syllabe, appelés **parole sdrucciole** (comme **simpatico, simpatici**) mais heureusement elles ne concernent que le masculin, puisqu'au féminin la règle est toujours respectée : **greca, greche** (son [ke]), **l'amica, le amiche, simpatica, simpatiche**.

La même règle est valable pour les mots terminant par **-go** : **lungo** (*long*), **lunga, lunghi, lunghe ; la casalinga, le casalinghe**.

FÉMININS PARTICULIERS

- Féminins en **-essa** : Certains mots masculins font le féminin en **-essa** : **lo studente, la studentessa, il dottore, la dottoressa**. C'est le cas également de certains noms d'animaux : **il leone** *le lion*, **la leonessa, l'elefante, l'elefantessa** ; et de nombreux titres de noblesse : **il conte** *le comte*, **la contessa, il principe** *le prince*, **la principessa**.

LES POSSESSIFS

Les adjectifs et les pronoms possessifs ont les formes suivantes :

	Masculin singulier	Masculin pluriel	Féminin singulier	Féminin pluriel
1re personne du singulier	**il mio**	**i miei**	**la mia**	**le mie**
2e personne du singulier	**il tuo**	**i tuoi**	**la tua**	**le tue**
3e personne du singulier	**il suo**	**i suoi**	**la sua**	**le sue**
1re personne du pluriel	**il nostro**	**i nostri**	**la nostra**	**le nostre**
2e personne du pluriel	**il vostro**	**i vostri**	**la vostra**	**le vostre**
3e personne du pluriel	**il loro**	**i loro**	**la loro**	**le loro**

Il faut toujours l'article devant le possessif, sauf quand le possessif précède un mot indiquant une relation de parenté. On dira donc **il mio amico**, mais **mio padre, mia madre**, etc. L'article revient s'il s'agit d'un pluriel : **i miei fratelli, le mie sorelle**. On utilise les mêmes formes comme pronoms, donc **il mio** signifie aussi *le mien*.

QUELQUES PRÉPOSITIONS

- **Da** est aussi utilisée pour dire *chez* : **mangio da mia madre** *je mange chez ma mère*.
- **Con** peut indiquer le fait d'avoir un objet sur soi : **non ce l'ho con me** *je ne l'ai pas sur moi*.

▲ CONJUGAISON
LE TROISIÈME GROUPE DE VERBES RÉGULIERS EN -IRE AU PRÉSENT DE L'INDICATIF

• Les verbes réguliers ayant l'infinitif en **-ire** forment le présent de l'indicatif selon le modèle suivant (les désinences sont en couleur) :
Verbe **capire** *comprendre*
(io) capisco *je comprends*
(tu) capisci *tu comprends*
(lui, lei) capisce *il, elle comprend*
(noi) capiamo *nous comprenons*
(voi) capite *vous comprenez*
(loro) capiscono *ils, elles comprennent*

• Remarquez que la particule **isc** se trouve seulement aux trois personnes du singulier et à la troisième personne du pluriel. Dans le dialogue, on trouve un autre verbe qui se conjugue de la même manière : **preferire** *préférer*.

• Cependant, d'autres verbes en **-ire**, quoique réguliers, n'utilisent pas la particule **-isc-**, comme **soffrire** *souffrir* ou **partire** *partir*.
Verbe **soffrire** *souffrir*
(io) soffro *je souffre*
(tu) soffri *tu souffres*
(lui, lei) soffre *il, elle souffre*
(noi) soffriamo *nous souffrons*
(voi) soffrite *vous souffrez*
(loro) soffrono *ils, elles souffrent*

LES VERBES EN -CARE ET EN -GARE

De façon analogue à ce que nous avons vu pour les mots en **-co** et en **-go** (voir ci-dessus), les verbes en **-care** et en **-gare** prennent à l'écrit un **h** devant les désinences en **e** et en **i** pour garder le son [k] :

Cercare *chercher*
cerco
cerchi
cerca
cerchiamo
cercate
cercano

Pagare *payer*
pago
paghi
paga
paghiamo
pagate
pagano

EXERCICES

1. TRANSFORMEZ LE SINGULIER EN PLURIEL.

a. la mia amica greca → ....

b. la città ricca → ....

c. il tuo amico simpatico → ....

2. TRANSFORMEZ LE MASCULIN EN FÉMININ.

a. gli studenti simpatici → ....

b. il dottore canadese → ....

c. il principe siciliano → ....

3. COMPLÉTEZ AVEC LE PRÉSENT DE L'INDICATIF DU VERBE INDIQUÉ ENTRE PARENTHÈSES.

a. Siamo di Roma ma .... abitare a Milano. (preferire)

b. A che ora .... il tuo autobus? (partire)

c. Mia sorella non .... l'inglese. (capire)

d. Se .... ti porto dal dottore. (soffrire)

4. COMPLÉTEZ LES PHRASES SUIVANTES AVEC LES POSSESSIFS PRÉCÉDÉS OU NON DE L'ARTICLE DÉFINI.

a. Non siamo ricchi, ... padre fa l'impiegato.

b. Voi norvegesi siete bravissimi, ... scuole sono ottime!

c. Buongiorno signorina, ecco .... tessera.

d. Sei arrivato con .... macchina o con l'autobus?

5. ÉCOUTEZ L'ENREGISTREMENT ET TROUVEZ LE NOM ÉPELÉ.

_ _ _ _ _ _ _

VOCABULAIRE

l'autocertificazione *la déclaration sur l'honneur*
la borsa *le sac*
la casalinga *la femme au foyer*
cercare *chercher*
certificare *certifier*
conoscere *connaître*
così *comme ça*
il costo *le coût*
decidere *décider*
il disoccupato *le chômeur*
il documento *le papier d'identité*
domani *demain*
entrare *entrer*
la foto *la photo*
il fratello *le frère*
greca *grecque* (**greco** *grec*)
imparare *apprendre*
insomma *en gros, en somme, bref*
l'impiegato *l'employé*
l'indirizzo *l'adresse (Attention, le mot est masculin en italien)*
l'iscrizione *l'inscription*
la madre *la mère*
la nazionalità *la nationalité*
niente *rien*
il padre *le père*
pagare *payer*
perché *pourquoi, parce que*
permesso *pardon*
portare *apporter*
preferire *préférer*
prima *première* (**primo**, *premier*)
proprio *exactement, vraiment*
purtroppo *malheureusement*
la rata *le versement, l'échéance (pour paiement en plusieurs fois)*
il reddito *le revenu*
ricco *riche*
ricevere *recevoir*
scrivere *écrire*
la settimana *la semaine*
la somma *la somme*
la sorella *la sœur*
straniero *étranger*
subito *tout de suite*
tanti *(pluriel), beaucoup (Attention, il s'agit de l'adjectif* **tanto** *qui s'accorde en genre et en nombre avec le nom qui le suit)*
la tessera *la carte*
la via *la rue*

6. DÉCRIRE LES PERSONNES

DESCRIVERE LE PERSONE

OBJECTIFS

- **DESCRIPTION PHYSIQUE ET QUALITÉS MORALES**
- **LES VÊTEMENTS**
- **DEMANDER À QUELQU'UN COMMENT IL VA, DEMANDER DES NOUVELLES**

NOTIONS

- **LES PLURIELS PARTICULIERS (SUITE)**
- **LES PRONOMS ET ADJECTIFS DÉMONSTRATIFS**
- **VERBES IRRÉGULIERS EN -ARE AU PRÉSENT DE L'INDICATIF**

PHOTOS DE VACANCES

Giulia : Salut, Carlo, comment vas-tu ?

Carlo : Moi je vais bien, merci, et toi ?

Giulia : Moi aussi, je viens juste de passer de [rentrer de] très belles vacances en Sardaigne. Si tu veux, je te montre [fais voir] les photos.

Carlo : D'accord, mais tu me passes [donnes] mes lunettes, s'il te plaît ? Elles sont là, sur cette table.

Giulia : Regarde, ici nous sommes au café ; celui-ci au premier plan, c'est mon mari, et celle-là au fond à droite, c'est ma belle-mère, décidément beaucoup moins photogénique, avec ce nez tordu et cette bouche énorme ! Et elle est même un peu cancanière… Celui-ci, avec une chemise jaune, c'est mon beau-frère Philippe, et la dame avec un pantalon blanc à côté de lui, c'est sa femme.

Carlo : Oui, je les connais.

Giulia : Voilà, ça, c'est notre groupe d'amis [Voici, celui-ci est le groupe de nos amis] : Luigi est le [celui] petit avec les cheveux blonds et un T-shirt rouge, et à sa gauche il y a Mario, avec un chapeau de paille. Derrière eux, il y a Sandro, qui porte un pull et des chaussettes même en plein été. Même quand il fait chaud, lui, il a toujours froid.

Carlo : Vraiment ?

Giulia : Près de lui, il y a sa cousine, Lara, avec une jupe longue. Ce sont tous de chers amis, nous sommes très bien avec eux. Mais mes préférés, ce sont Paolo et Luisa, ici ils sont sur la plage, au bord de la mer. Tu vois ? Lui, il est mince et grand et elle, elle est petite et un peu grosse. Ils sont vraiment très sympathiques et même généreux.

Carlo : Quelles belles photos ! Et quels beaux amis !

FOTO DI VACANZA

Giulia: Ciao, Carlo, come stai?

Carlo: Io sto bene, grazie, e tu?

Giulia: Anch'io, sono appena tornata da una bellissima vacanza in Sardegna. Se vuoi ti faccio vedere le foto.

Carlo: Va bene, ma mi dai i miei occhiali, per favore? Sono lì, su quel tavolo.

Giulia: Guarda, qui siamo al bar; questo in primo piano è mio marito, e quella là in fondo a destra è mia suocera, decisamente molto meno fotogenica, con quel naso storto e quella bocca enorme! Ed è anche un po' pettegola... Questo con la camicia gialla è mio cognato Filippo, e la signora con i pantaloni bianchi accanto a lui è sua moglie.

Carlo: Sì, li conosco.

Giulia: Ecco, questo è il gruppo dei nostri amici: Luigi è quello basso con i capelli biondi e la maglietta rossa, e alla sua sinistra c'è Mario, col cappello di paglia. Dietro di loro c'è Sandro, che porta il maglione e le calze anche in piena estate. Anche quando fa caldo, lui ha sempre freddo.

Carlo: Davvero?

Giulia: Vicino a lui c'è sua cugina, Lara, con la gonna lunga. Sono tutti cari amici, stiamo molto bene con loro. Ma i miei preferiti sono Paolo e Luisa, qui sono sulla spiaggia, in riva al mare. Vedi? Lui è magro e alto e lei è piccola e un po' grassa. Sono davvero molto simpatici e anche generosi.

Carlo: Che belle foto! E che begli amici!

■ COMPRENDRE LE DIALOGUE

→ Le verbe **stare** indique un état de la personne au point de vue physique ou moral : **Come stai? Sto bene.** *Comment vas-tu ? Je vais bien*, mais aussi **stiamo molto bene con loro** *nous sommes très bien avec eux*. Parfois, il est utilisé dans le sens d'habiter : **sto a Milano** *j'habite à Milan*.

→ Remarquez les locatifs construits avec la préposition **a** : **accanto a** *à côté de*, **vicino a** *près de*, **in riva a** *au bord de*, en général pour la mer, un lac, un fleuve, et avec la préposition **di** : **dietro di** *derrière*, **a destra di** *à droite de*, **a sinistra di** *à gauche de*.

→ L'adjectif **bello** se comporte comme l'article défini. Voici ses formes :

	Masculin			Féminin	
	Devant consonne (sauf **gn, z, ps, s +** consonne)	Devant **gn, z, ps, s +** consonne	Devant voyelle	Devant consonne	Devant voyelle
SINGULIER	**bel** **un bel maglione** *un beau pull*	**bello** **un bello studente** *un bel étudiant*	**bell'** **un bell'amico** *un bel ami*	**bella** **una bella spiaggia** *une belle plage*	**bell'** **una bell'amica** *une belle amie*
PLURIEL	**bei** **dei bei maglioni** *de beaux pulls*	**begli** **dei begli studenti** *de beaux étudiants* **dei begli amici** *de beaux amis*		**belle** **delle belle spiagge** *de belles plages* **delle belle amiche** *de belles amies*	

NOTE CULTURELLE

Les Italiens aiment les vacances et ils n'y renoncent pas, même dans les périodes de crise économique ; la plupart d'entre eux part une semaine au mois d'août. La typologie de vacances qu'ils préfèrent est le séjour à l'hôtel au bord de la mer (environ 79 % !). 81 % restent sur le territoire et privilégient les plages du Midi du pays, de Sicile et de Sardaigne. L'Italie est une destination prisée des étrangers : les revenus de ce secteur, qui emploie environ 2,5 millions d'Italiens, représentent près de 10 % du PIB.

GRAMMAIRE
PLURIELS PARTICULIERS (SUITE)

• Noms abrégés : Ils sont invariables, puisque la terminaison destinée à marquer le pluriel a été tronquée, par exemple dans **la foto / le foto** (mais on dira **la fotografia / le fotografie**) ou **la bici / le bici** *le vélo* (mais on dira **la bicicletta / le biciclette**), ou **la moto / le moto** *la moto* (mais **la motocicletta / le motociclette**). Les formes abrégées sont bien sûr les plus utilisées.

• Noms étrangers : Ils sont invariables aussi. **Il bar / i bar, il camion / i camion**, ainsi que tous les mots se terminant par une consonne, souvent empruntés au latin ou à d'autres langues : **l'autobus, gli autobus**.

LES DÉMONSTRATIFS

Les adjectifs et les pronoms démonstratifs ont deux formes :
- **questo** pour quelque chose ou quelqu'un vu(e) de près ;
- **quello** pour ou quelque chose ou quelqu'un vu(e) de loin.

Questo se comporte comme les noms et adjectifs en **-o**, alors que **quello** se transforme selon la lettre par laquelle commence le nom qu'il précède, comme **bello** et comme les articles définis (voir la note ci-dessus) :

	Masculin			Féminin	
	Devant consonne (sauf **s** + consonne, **gn, ps**)	Devant **s** + consonne, **gn, ps**	Devant voyelle	Devant consonne	Devant voyelle
SINGULIER	quel **quel cappello** *ce chapeau*	quello **quello studente** *cet étudiant*	quell' **quell'amico** *cet ami*	quella **quella foto** *cette photo*	quell' **quell'amica** *cette amie*
PLURIEL	quei **quei cappelli** *ces chapeaux*	quegli **quegli studenti** *ces étudiants* **quegli amici** *ces amis*		quelle **quelle foto** *ces photos* **quelle amiche** *ces amies*	

On utilise les mêmes formes comme pronoms : **Questo in primo piano è mio marito.** *Celui-ci, au premier plan, c'est mon mari.*
Souvent ils sont associés aux adverbes de lieu **qui** *ici* et **là** *là/là-bas* : **quella là in fondo a destra è mia suocera** *Celle-là celle-là au fond à droite, c'est ma belle-mère…*

▲ CONJUGAISON
QUELQUES VERBES IRRÉGULIERS EN -ARE AU PRÉSENT DE L'INDICATIF

Verbe **andare** *aller*

(io) vado	**(noi) andiamo**
(tu) vai	**(voi) andate**
(lui, lei) va	**(loro) vanno**

Verbe **fare** *faire*

faccio	**facciamo**
fai	**fate**
fa	**fanno**

Verbe **dare** *donner*

do	**diamo**
dai	**date**
dà	**danno**

Verbe **stare** *être, rester* (verbe d'état)

sto	**stiamo**
stai	**state**
sta	**stanno**

● VOCABULAIRE

alto *grand (de taille)*
basso *petit (de taille)*
bianchi *blancs (***bianco** *blanc)*
biondo *blond*
la bocca *la bouche*
il caldo *le chaud, la chaleur*
le calze *les chaussettes*
la camicia *la chemise*
i capelli *les cheveux*
il cappello *le chapeau*
cari *chers (***caro** *cher)*
il cognato *le beau-frère*
　(**la cognata** *la belle-sœur)*
la cugina *la cousine*
　(**il cugino** *le cousin)*
davvero (?) *vraiment (?)*
decisamente *décidément*
la destra *la droite*
enorme *énorme*
l'estate *l'été*
(piena) estate *plein (été) (attention,*
　estate *est féminin)*
fotogenica *photogénique*
　(au féminin)
il freddo *le froid*
generosi *généreux*
gialla *jaune (au féminin ;*
　giallo *pour le masculin)*
la gonna *la jupe*
grassa *grosse*
il gruppo *le groupe*
guardare *regarder*
lunga *longue*
la maglietta *le T-shirt*
il maglione *le pull*
magro *mince*
il marito *le mari*
meno *moins*
la moglie *la femme (l'épouse)*
molto *beaucoup (attention,*
　molto *est un adjectif)*
il naso *le nez*
gli occhiali *les lunettes*
la paglia *la paille*
i pantaloni *le pantalon (attention*
　le mot est au pluriel en italien)
pettegola *cancanière, potinière,*
　qui fait du commérage
il piano *le plan, l'étage*
piccolo *petit (de dimensions, d'âge)*
portare *porter (un vêtement)*
preferiti *préférés*
la riva *la rive*
rossa *rouge (au féminin.* **rosso**
　pour le masculin)
simpatici *sympathiques*
la sinistra *la gauche*
la spiaggia *la plage*
storto *tordu*
la suocera *la belle-mère*
　(**il suocero** *le beau-père)*
il tavolo *la table*
tornare *rentrer, retourner*
la vacanza *les vacances*

EXERCICES

1. TRANSFORMEZ LE SINGULIER EN PLURIEL.

a. la tua foto piccola → ....

b. questo maglione rosso → ....

c. quel bel bar → ....

d. quello studente magro → ....

e. il tuo cappello giallo → ....

f. quell'estate calda → ....

2. COMPLÉTEZ AVEC LA FORME CORRECTE DU DÉMONSTRATIF QUESTO OU QUELLO.

a. .... qui è mio marito, ... là in fondo è mia suocera.

b. .... casa là in fondo è la nostra.

c. Siamo appena arrivati in .... città.

d. Domani vado da .... mio amico

3. COMPLÉTEZ AVEC LA FORME CORRECTE DU VERBE IRRÉGULIER EN -ARE LE PLUS ADAPTÉ (ANDARE, DARE, FARE, STARE).

a. Come .... signorina? – .... bene, grazie.

b. Gli italiani .... in vacanza al mare.

c. Sono troppo grasso per portare questo maglione, lo .... a mio fratello perché lui è magro.

d. Io .... una foto a mia moglie perché è molto fotogenica.

4. ÉCOUTEZ L'ENREGISTREMENT ET COMPLÉTEZ CES PHRASES.

a. In estate fa .... non fa ....

b. In questa foto siamo sulla .... in riva al ....

c. In questa foto ci sono mio marito, sulla mia destra e mia suocera, alla mia ....

d. Ti .... vedere le foto della mia .... in Sardegna.

II LA VIE QUOTIDIENNE

7. LES ACTIVITÉS DE LA JOURNÉE

LE ATTIVITÀ DELLA GIORNATA

OBJECTIFS

- L'HEURE
- LES JOURS DE LA SEMAINE
- LES MOIS DE L'ANNÉE
- LES SAISONS

NOTIONS

- LES COMPARATIFS
- LES NUMÉRAUX CARDINAUX
- QUELQUES VERBES IRRÉGULIERS EN -ERE (PRÉSENT DE L'INDICATIF)
- VERBES RÉFLÉCHIS ET PRONOMINAUX

DES JOURNÉES RÉGULIÈRES

Mario : Excuse-moi, Simona, quelle heure est-il ?

Simona : Il est deux heures et demie, pourquoi ?

Mario : Cet après-midi, j'ai un rendez-vous de travail que je ne peux pas manquer. Je dois être dans le centre-ville à quatre heures pile. Selon toi, à quelle heure je dois partir de la maison ?

Simona : Une demie-heure avant, à trois heures et demie.

Mario : Oui, mais si par hasard je reste bloqué dans la circulation ? Je veux partir encore plus tôt, à trois heures et quart. Et si j'arrive en avance, à quatre heures moins le quart, tant pis. Je m'assois dans un café et je bois quelque chose.

Simona : Peut-être te préoccupes-tu un peu trop, tu ne crois pas ?

Mario : Tu as raison, ma journée doit toujours être organisée minute par minute : le matin je me réveille à sept heures, sauf le samedi et le dimanche .
Je prends [fais] ma douche, ensuite je prends [fais] mon petit-déjeuner à sept heures trente pour être au travail à huit heures et demie. Je déjeune à midi et demi, au plus tard à une heure, ensuite je retourne au bureau à deux heures. Seule exception : le lundi je vais à la piscine pendant la pause déjeuner. Au lieu de déjeuner, ce jour-là je fais un goûter plus tard. Je finis de travailler à six heures, et mon dîner est à sept heures et demie. Le soir je regarde un peu la télévision et à dix heures et demie ou au maximum à onze heures je vais au lit [à lit].

Simona : À vingt-trois heures ! Tu dînes et tu vas au lit très tôt ! Tu ne sors jamais ?

Mario : Oui, le vendredi soir je vais au cinéma, surtout en automne et en hiver, parce qu'en été et au printemps j'aime faire une promenade. Bien sûr, le week-end, je sors avec mes amis, toute l'année.

Simona : Tu sembles très casanier, mais finalement tu sors plus que moi !

Mario : Je suis plus méthodique que casanier, j'aime les horaires réguliers.

09 **GIORNATE REGOLARI**

Mario: Scusa, Simona, che ore sono?

Simona: Sono le due e mezza, perché?

Mario: Oggi pomeriggio ho un appuntamento di lavoro che non posso mancare. Devo essere in centro alle quattro in punto. Secondo te a che ora devo partire da casa?

Simona: Mezz'ora prima, alle tre e mezza.

Mario: Sì, ma se per caso rimango bloccato nel traffico? Voglio partire ancora prima, alle tre e un quarto. E se arrivo in anticipo, alle quattro meno un quarto, pazienza! Mi siedo in un bar e bevo qualcosa.

Simona: Forse ti preoccupi un po' troppo, non credi?

Mario: Hai ragione, la mia giornata deve essere sempre organizzata minuto per minuto: la mattina mi sveglio alle sette, salvo il sabato e la domenica.
Faccio la doccia e poi faccio colazione alle sette e trenta, per essere al lavoro alle otto e mezza. Pranzo a mezzogiorno e mezza, al più tardi all'una, poi ritorno in ufficio alle due.
Sola eccezione: il lunedì vado in piscina durante la pausa pranzo. Invece di pranzare, quel giorno faccio una merenda più tardi. Finisco di lavorare alle sei, e la mia cena è alle sette e mezza.
La sera guardo un po' la televisione e alle dieci e mezza o al massimo alle undici vado a letto.

Simona: Alle ventitrè! Ceni e vai a letto molto presto! Non esci mai?

Mario: Sì, il venerdì sera vado al cinema, soprattutto in autunno e in inverno, perché in estate e in primavera mi piace fare una passeggiata. Naturalmente il fine settimana esco con gli amici tutto l'anno.

Simona: Sembri molto casalingo, ma alla fine esci più di me!

Mario: Sono più metodico che casalingo, mi piacciono gli orari regolari.

■ COMPRENDRE LE DIALOGUE
LES CHIFFRES ET LES NOMBRES

→ Voici les chiffres de 1 à 20 :

uno – due – tre – quattro – cinque – sei – sette – otto – nove – dieci – undici – dodici – tredici – quattordici quindici – sedici – diciassette – diciotto – diciannove – venti.

Les nombres suivants se forment par simple ajout de l'unité à la dizaine : **venticinque** 25, **trentanove** 39.

→ Et voici les dizaines de 30 à 100 :

trenta – quaranta – cinquanta – sessanta – settanta – ottanta – novanta – cento. Les chiffres composés se terminant par 3 prennent un accent : **cinquantatré** 53.

→ Quelle que soit sa longueur, le chiffre forme un seul mot.
1946 : **millenovecentoquarantasei.**

L'HEURE

→ **Che ore sono?** ou **Che ora è?** *Quelle heure est-il ?*
→ **Sono le…** *Il est…*
→ 15h25 : **sono le quindici e venticinque**
→ 12h00 : **è mezzogiorno/sono le dodici**
→ 12h30 : **è la mezza/sono le dodici e trenta**
→ 13h00 : **è l'una/sono le tredici**
→ 00h00 : **è mezzanotte/sono le ventiquattro**
→ 10h15 : **sono le dieci e un quarto**
→ 10h30 : **sono le dieci e mezza**
→ 10h45 : **sono le dieci e tre quarti/sono le undici meno un quarto**
→ 10h50 : **sono le undici meno dieci/sono le dieci e cinquanta**

LES JOURS DE LA SEMAINE

Pour compléter les expressions de temps, voici les jours de la semaine :

lunedì *lundi*   **venerdì** *vendredi*
martedì *mardi*   **sabato** *samedi*
mercoledì *mercredi*   **domenica** *dimanche*
giovedì *jeudi*

Tous sont au masculins sauf **domenica** qui est féminin. **Un brutto lunedì di pioggia**, *un mauvais lundi de pluie*, **una bella domenica di sole**, *un beau dimanche de soleil*.

LES MOIS DE L'ANNÉE

gennaio *janvier*
febbraio *février*
marzo *mars*
aprile *avril*
Tous sont masculins.

maggio *mai*
giugno *juin*
luglio *juillet*
agosto *août*

settembre *septembre*
ottobre *octobre*
novembre *novembre*
dicembre *décembre*

LES QUATRE SAISONS

la primavera *le printemps*
l'estate *l'été*
… sont féminins

l'autunno *l'automne*
l'inverno *l'hiver*
… sont masculins

LA DATE

Che giorno è oggi? *Quel jour sommes-nous aujourd'hui ?*
Oggi è lunedì ventuno marzo, **il primo giorno di primavera**. *Aujourd'hui, nous sommes [il est] lundi 21 mars, premier jour du printemps.*

NOTE CULTURELLE

Pour préserver **il centro storico** *le centre historique*, la plupart des centres-villes italiens sont piétons. 22 000 villes italiennes possèdent un noyau monumental d'origine grecque, étrusque, romaine ou médiévale. Cela n'est pas sans poser des difficultés de circulation. Pour cela, ces quartiers côtoient des **zone a traffico limitato**, où certains véhicules autorisés peuvent pénétrer à certaines heures. Les interdictions sont en effet rarement absolues en Italie…

◆ GRAMMAIRE
LES COMPARATIFS

Le premier terme de comparaison est toujours précédé par **più** (comparatif de supériorité) ou par **meno** (comparatif d'infériorité).
Le deuxième terme de comparaison est précédé par **di** (ou par les articles contractés formés avec **di** + les articles définis), si c'est un nom ou un pronom, par **che** si c'est un adverbe, un verbe, un adjectif, s'il est précédé par une préposition, s'il indique une quantité.

Exemples : **Marzo è più lungo di febbraio.** *Mars est plus long que février.*
La tua casa è più grande della mia. *Ta maison est plus grande que la mienne.*
Tu sei più fotogenico di me. *Tu es plus photogénique que moi.*
Parla più forte che bene. *Il parle plus fort que bien.*
Mi piace di più dormire che lavorare. *J'aime mieux dormir que travailler.*
Ottobre è più umido che freddo. *Octobre est plus humide que froid.*
A Milano fa meno caldo che a Roma. *À Milan il fait moins chaud qu'à Rome.*
Mangiamo meno carne che pesce. *Nous mangeons moins de viande que de poisson.*
Le comparatif d'égalité se forme simplement en plaçant **come** ou **quanto** (un peu moins fréquent) devant le deuxième terme de comparaison. **Gennaio è freddo come febbraio.** *Janvier est aussi froid que février.*

CONJUGAISON
VERBES RÉFLÉCHIS ET PRONOMINAUX

Dans la forme pronominale, le verbe est précédé par les pronoms **mi, ti, si, ci, vi, si** :
Verbe **alzarsi** *se lever*

mi alzo *je me lève*
ti alzi *tu te lèves*
si alza *il, elle se lève*

ci alziamo *nous nous levons*
vi alzate *vous vous levez*
si alzano *ils, elles se lèvent*

Verbe **sedersi** *s'asseoir*

mi siedo
ti siedi
si siede

ci sediamo
vi sedete
si siedono

QUELQUES VERBES IRRÉGULIERS EN -ERE : PRÉSENT DE L'INDICATIF

Les verbes modaux **dovere, volere, potere.**

Verbe **dovere** *devoir*

devo	dobbiamo
devi	dovete
deve	devono

Verbe **potere** *pouvoir*

posso	possiamo
puoi	potete
può	possono

Verbe **volere** *vouloir*

voglio	vogliamo
vuoi	volete
vuole	vogliono

Verbe **bere** *boire*

bevo	beviamo
bevi	bevete
beve	bevono

VOCABULAIRE

l'anticipo *l'avance*
l'appuntamento *le rendez-vous*
bloccato *bloqué*
casalingo *casanier*
il caso *le hasard*
la cena *le dîner*
cenare *dîner*
il centro *le centre-ville*
la colazione *le petit-déjeuner*
credere *croire*
la doccia *la douche*
durante *pendant*
l'eccezione *l'exception*
la fine *la fin*
finire *finir*
la giornata *la journée*
il letto *le lit*
mancare *manquer*
la mattina *le matin*
la merenda *le goûter*
metodico *méthodique*
il minuto *la minute*
naturalmente *naturellement, bien sûr*
oggi *aujourd'hui*
gli orari *les horaires*
 (**l'orario** *l'horaire*)
organizzata *organisée*
la passeggiata *la promenade*
la pausa pranzo *la pause déjeuner*
pazienza! *tant pis !*
piacere *plaire*
il pomeriggio *l'après-midi*
la piscina *la piscine*
pranzare *déjeuner*
il pranzo *le déjeuner*
preoccuparsi *s'inquiéter*
in punto *pile, précis (pour l'heure)*
qualcosa *quelque chose*
regolari *réguliers*
salvo *sauf*
secondo (te) *selon (toi)*
la sera *le soir*
svegliarsi *se réveiller*
la televisione *la télévision*
il traffico *la circulation*
troppo *trop*
l'ufficio *le bureau*
uscire *sortir*

Verbe **rimanere** *rester*

rimango	rimaniamo
rimani	rimanete
rimane	rimangono

Verbe **sapere** *savoir*

so	sappiamo
sai	sapete
sa	sanno

EXERCICES

1. ÉCOUTEZ L'ENREGISTREMENT ET ÉCRIVEZ LES CHIFFRES EN LETTRES.

a. 404 → ....

b. 91 → ....

c. 1957 → ....

d. 22 → ....

e. 73 → ....

2. RÉPONDEZ AUX QUESTIONS SELON LES EXEMPLES SUIVANTS.

Exemples : A che ora ti alzi? (8.35) – Mi alzo alle otto e trentacinque.

A che ora pranzate? (12.45) – Pranziamo a mezzogiorno e tre quarti (alle dodici e quarantacinque)

a. A che ora cenano? (19.30) → ....

b. A che ora vi svegliate? (7.15) → ....

c. A che ora fai la doccia? (9.20) → ....

d. A che ora va in piscina, signora? (17.30) → ....

3. COMPLÉTEZ AVEC LA FORME CORRECTE DU VERBE IRRÉGULIER EN -ERE LE PLUS OPPORTUN.

a. Se parto da casa troppo tardi .... bloccata nel traffico.

b. Se arriviamo in anticipo, ... in un bar e .... qualcosa.

c. Signorina, se ...., ... pranzare con noi.

d. Se non .... dov'è l'ufficio turistico, ... domandare al vigile urbano.

e. A che ora .... prendere l'autobus tu e tua sorella?

4. COMPLÉTEZ AVEC CHE, DI OU COME.

a. In inverno fa più freddo .... in estate.

b. Modena è meno grande .... Milano.

c. In giugno fa caldo .... in luglio.

d. A Roma c'è più traffico .... a Venezia.

8.
CHERCHER UN LOGEMENT
CERCARE UN ALLOGGIO

OBJECTIFS

- **DÉCRIRE SA SITUATION**
- **EXPLIQUER SON PROJET**
- **LES PIÈCES DE LA MAISON**

NOTIONS

- **LES COMPARATIFS ET LES SUPERLATIFS PARTICULIERS**
- **LES NUMÉRAUX ET LES ORDINAUX**
- **QUELQUES VERBES IRRÉGULIERS EN -IRE (PRÉSENT DE L'INDICATIF)**

UN APPARTEMENT EN LOCATION

David : Bonjour ; excusez-moi, est-ce ici [celle-ci est] l'agence immobilière « Carulli » ?

Carla : Bien sûr, bonjour !

David : Enchanté, je m'appelle David Cooper, je viens des États-Unis, je suis en Italie pour étudier et je cherche un appartement en location très bon marché.

Carla : Vous tombez vraiment pile ! Nous sommes la meilleure agence de la ville et nous avons des appartements vraiment très bon marché. Par exemple, nous avons ce petit appartement de trois pièces au troisième étage, séjour, chambre [à lit], salle de bains et une toute petite cuisine, dans une rue très centrale à deux pas de l'université. Nous le louons tous les ans à des étudiants et tous [nous] disent que c'est un excellent rapport qualité-prix.

David : Oui, mais moi je cherche quelque chose de plus petit, je dois y habiter tout seul.

Carla : Vous avez raison, nous allons trouver [maintenant nous trouvons] quelque chose de plus adapté [à vous]. Nous avons plus de deux mille appartements dans notre catalogue ! Par exemple, il y a un studio au quinzième étage du gratte-ciel le plus haut de la ville.

David : Oui, mais si l'ascenseur est en panne, je fais quoi ? Je monte quinze étages à pied ?

Carla : Mais cela n'arrive presque jamais !

David : Quand il y a un ennui, c'est toujours à moi qu'il arrive [il arrive toujours à moi] ! Je ne préfère pas, merci !

Carla : Alors je vous propose cette autre possibilité : une chambre dans un appartement partagé avec trois autres [autres trois] étudiants. Il se trouve au deuxième étage, votre chambre est la dernière au fond du couloir, et bien sûr vous avez tous l'usage de la salle de bains et de la cuisine. Le loyer de l'appartement est de mille euros par mois, puisque vous êtes quatre vous en payez seulement un quart, c'est-à-dire deux cent cinquante. Qu'en dites-vous ? Celui-ci est le plus intéressant, n'est-ce pas ?

David : Je dis que si celui-ci est le moins cher de tous, j'accepte forcément !

10 UN APPARTAMENTO IN AFFITTO

David: Buongiorno; scusi, questa è l'agenzia immobiliare "Carulli"?

Carla: Certo, buongiorno!

David: Piacere, mi chiamo David Cooper, vengo dagli Stati Uniti, sono in Italia per studiare e cerco un appartamento in affitto molto economico.

Carla: Capita proprio a proposito! Siamo la migliore agenzia della città e abbiamo appartamenti davvero economicissimi. Per esempio, abbiamo questo appartamentino di tre stanze al terzo piano, soggiorno, camera da letto, bagno e una piccolissima cucina, in una via centralissima a due passi dall'università. Lo affittiamo tutti gli anni a studenti e tutti dicono che è un ottimo rapporto qualità-prezzo.

David: Sì, ma io cerco qualcosa di più piccolo, ci devo abitare da solo.

Carla: Ha ragione, ora troviamo qualcosa di più adatto a lei. Abbiamo più di duemila appartamenti nel nostro catalogo! Per esempio, c'è un monolocale al quindicesimo piano del grattacielo più alto della città.

David: Sì, ma se l'ascensore è guasto che faccio? Salgo a piedi quindici piani?

Carla: Ma non succede quasi mai!

David: Quando c'è un guaio, capita sempre a me! Preferisco di no, grazie!

Carla: Allora le propongo quest'altra possibilità: una camera in un appartamento condiviso con altri tre studenti. Si trova al secondo piano, la sua camera è l'ultima in fondo al corridoio, e tutti avete naturalmente l'uso di bagno e cucina.
L'affitto dell'appartamento è di mille euro al mese, siccome siete in quattro lei ne paga solo un quarto, cioè duecentocinquanta. Che ne dice? Questo è il più conveniente, no?

David: Dico che se questo è il meno caro di tutti, accetto per forza!

COMPRENDRE LE DIALOGUE
VERBES SUCCEDERE ET CAPITARE

→ Ils correspondent à *arriver* dit pour un événement ; le premier est plus neutre (**non succede quasi mai**), alors que le deuxième est davantage lié à une fatalité, souvent négative : **quando c'è un guaio, capita sempre a me!** *Quand il y a un ennui, c'est toujours à moi qu'il arrive !*

→ Remarquez que **capitare** peut également avoir une construction personnelle : **capita proprio a proposito**, vous *tombez vraiment pile*.

LE PRONOM NE

Le pronom **ne** correspond au *en* français, aussi bien dans son emploi partitif (**ne paga solo un quarto** *vous en payez seulement un quart*) qu'en tant que pronom relatif (**che ne dice?** *qu'en dites-vous ?*).

LA PRÉPOSITION A DANS DES EXPRESSIONS DE LIEU

Comme dans **in fondo al corridoio** *au fond du couloir*, la préposition **a** est souvent utilisée dans des expressions de lieu : **di fronte a** *en face de*, **di fianco a** *sur le côté de*, **vicino a** *près de*, **in mezzo a** *au milieu de*, **intorno a** *autour de*.

DA SOLO, IN QUATTRO…

Remarquez l'emploi des prépositions **da** et **in** dans les deux expressions idiomatiques :

→ **da** : **ci devo abitare da solo**, *je dois y habiter tout seul*
lo faccio da solo, *je le fais tout seul*

→ **in** : **siete in quattro**, *vous êtes quatre*
in quanti venite? Veniamo in sei, *vous venez à combien ? Nous venons à six*

NOTE CULTURELLE

Environ 70 % des Italiens sont propriétaires de leur logement. Ce sont donc les étudiants qui constituent la plus importante clientèle pour les locations. Parmi ceux-ci, les étrangers (environ 60 000) constituent certes un nombre important, mais les jeunes Italiens qui vivent loin de leur ville de naissance pour étudier sont nombreux : environ 20 % de la totalité des inscrits dans les universités italiennes.

GRAMMAIRE
LES SUPERLATIFS

SUPERLATIF ABSOLU
1. On ajoute le suffixe **-issimo** à la fin de l'adjectif ou de l'adverbe : **una piccolissima cucina** *une toute petite cuisine* ; **Come stai? Benissimo!** *Comment vas-tu ? Très bien !* Le suffixe **-issimo** se comporte comme les adjectifs et noms ayant le masculin singulier en **-o**.
2. L'adverbe **molto** précède l'adjectif ou l'adverbe : **molto economico** *très bon marché* ; **Come stai? Molto bene!** *Comment vas-tu ? Très bien !*

SUPERLATIF RELATIF
Il più (ou **il meno**) précède l'adjectif : **il più conveniente** *le plus intéressant,* **il meno caro** *le moins cher.* Le nom auquel l'adjectif se réfère se trouve entre l'article et **più** ou **meno**, sans répétition de l'article comme en français : **il grattacielo più alto della città**.

COMPARATIFS ET SUPERLATIFS PARTICULIERS

Quelques adjectifs ont une forme particulière pour le comparatif et le superlatif, ce qui n'exclut pas la possibilité de les former de façon régulière ; on dira donc aussi bien **ottimo** que **molto buono**, **migliore** ou **più buono**.

ADJECTIF	Comparatif	Superlatif
buono *bon*	**migliore** *meilleur*	**ottimo** *très bon*
cattivo *mauvais*	**peggiore** *pire*	**pessimo** *très mauvais*
grande *grand*	**maggiore** *majeur*	**massimo** *maximum*
piccolo *petit*	**minore** *moindre*	**minimo** *minimum*

ADVERBE	Comparatif	Superlatif
bene *bien*	**meglio** *mieux*	**ottimamente, molto bene** *très bien*
male *mal*	**peggio** *pire*	**pessimamente, molto male** *très mal*

Le superlatif relatif de ces adjectifs se forme en plaçant l'article défini devant le comparatif : **la migliore agenzia della città** *la meilleure agence de la ville.*

▲ CONJUGAISON

QUELQUES VERBES IRRÉGULIERS EN -IRE : PRÉSENT DE L'INDICATIF

Verbe **dire** *dire*

(io) dico	(lui, lei) dice	(voi) dite
(tu) dici	(noi) diciamo	(loro) d<u>i</u>cono

Verbe **salire** *monter*

salgo	sale	salite
sali	saliamo	s<u>a</u>lgono

Verbe **uscire** *sortir*

esco	esce	uscite
esci	usciamo	<u>e</u>scono

Verbe **venire** *venir*

vengo	viene	venite
vieni	veniamo	v<u>e</u>ngono

ENCORE UN VERBE IRRÉGULIER EN -ERE

Verbe **proporre** *proposer*

propongo	propone	proponete
proponi	proponiamo	prop<u>o</u>ngono

Plusieurs autres verbes se conjuguent de la même façon : **comporre** *composer*, **disporre** *disposer*, **riporre** *ranger*.

LES NUMÉRAUX CARDINAUX : MILLE ET SES MULTIPLES

Les multiples de **mille** se font avec **-mila** : **duemila** (*2 000*), **tremila** (*3 000*), **centomila** (*100 000*), **centosettantamila** (*170 000*).

LES NUMÉRAUX ORDINAUX

Voici les dix premiers numéraux ordinaux : **primo – secondo – terzo – quarto – quinto – sesto – s<u>e</u>ttimo – ottavo – nono – d<u>e</u>cimo**.

VOCABULAIRE

accettare *accepter*
adatto *adapté*
affittare *louer*
l'affitto *la location, le loyer*
l'agenzia immobiliare *l'agence immobilière*
a piedi *à pied* (**i piedi** *les pieds/* **il piede** *le pied*)
l'appartamento *l'appartement*
l'ascensore *l'ascenseur*
il bagno *la salle de bains*
la camera (da letto) *la chambre*
caro *cher*
centrale *central(e)*
cioè *c'est-à-dire*
condiviso *partagé*
il corridoio *le couloir*
la cucina *la cuisine*
economico *bon marché*
il grattacielo *le gratte-ciel*
il guaio *l'ennui, la bêtise*
guasto *en panne*
il letto *le lit*
mai *jamais*
il mese *le mois*
il monolocale *le studio*
i passi *les pas* (**il passo** *le pas*)
per forza *forcément* (**la forza** *la force*))
la possibilità *la possibilité*
il proposito *le propos* (**a proposito** *pile, à pic*)
proprio *vraiment*
la qualità *la qualité*
il quarto *le quart*
quasi *presque*
salire *monter*
siccome *puisque*
il soggiorno *le séjour*
le stanze *les pièces* (**la stanza** *la pièce*)
ultima *dernière*
l'uso *l'usage, l'utilisation*

Les nombres successifs se forment par simple adjonction du suffixe **-esimo** au nombre cardinal, qui perd sa voyelle finale : **undicesimo (11°)** *onzième*, **ventiquattresimo (24°)** *vingt-quatrième*. Notez qu'en italien, 11ᵉ s'écrit 11°.

Quant les nombres se terminent par **-tre** et par **-sei**, le suffixe se rajoute simplement au nombre cardinal complet : **trentatreesimo** *trente-troisième*, **cinquantaseiesimo** *cinquante-sixième*.

Les nombres ordinaux sont utilisés pour exprimer les fractions : **ne paga solo un quarto** *vous en payez seulement un quart*.

EXERCICES

1. ÉCOUTEZ L'ENREGISTREMENT DES NOMBRES ORDINAUX ET ÉCRIVEZ-LES EN TOUTES LETTRES.

a. 44° → ....

b. 845° → ....

c. 5° → ....

d. 73° → ....

e. 16° → ....

2. COMPLÉTEZ AVEC LA FORME CORRECTE DU SUPERLATIF ABSOLU OU RELATIF DE L'ADJECTIF INDIQUÉ ENTRE PARENTHÈSES.

a. Questa città mi piace molto, è .... (bella).

b. Prendo questo appartamento perché è .... (caro) di tutti.

c. La nostra agenzia è .... (buona) della città.

d. Voglio un appartamento .... (piccolo), ci devo abitare da solo.

3. COMPLÉTEZ AVEC LA FORME CORRECTE DU VERBE IRRÉGULIER EN -IRE LE PLUS ADAPTÉ : DIRE, USCIRE, SALIRE, VENIRE.

a. In inverno non .... quasi mai, ho troppo freddo.

b. Se .... con tuo fratello, preparo la cena per due.

c. I miei amici abitano al nono piano e .... sempre in ascensore.

d. Se .... all'agente immobiliare che cercate un appartamento, lui lo trova subito.

4. ÉCOUTEZ CES PHRASES ET COMPLÉTEZ-LES.

a. Abito in un appartamento di tre .... al quarto ....

b. Questo appartamento è troppo grande, ... devo abitare da ....

c. La .... da letto è in .... al corridoio.

d. Le .... la possibilità di .... un appartamento con altri tre studenti.

9.
DONNER RENDEZ-VOUS À UN AMI

DARE APPUNTAMENTO A UN AMICO

OBJECTIFS

- PROPOSER UNE ACTIVITÉ
- SE REPÉRER DANS LE TEMPS (CALENDRIER, HEURE)
- FIXER UN RENDEZ-VOUS

NOTIONS

- PLURIELS PARTICULIERS
- FÉMININS PARTICULIERS
- LE PRÉSENT PROGRESSIF
- LE GÉRONDIF

RENDEZ-VOUS AU CINÉMA

Pietro : Salut, Rita, que fais-tu par ici ?

Rita : Je suis en train de faire un peu de shopping. Près de chez toi il y a un des meilleurs magasins d'habillement de la ville, et aujourd'hui commencent les soldes !

Pietro : Quelle merveille…

Rita : Vu que tu as les mains libres, aide-moi à porter un peu de sacs, ils sont très lourds et me font mal aux bras !

Pietro : Bien sûr ! Deux paires de bras en portent plus qu'une paire seulement, n'est-ce pas ? Moi, au contraire, je te propose quelque chose de beaucoup plus intéressant. Je suis en train de lire un très beau livre sur Piero della Francesca, le grand peintre du xve siècle. Tu sais, l'auteur du célèbre tableau où il y a un œuf pendu au centre de la scène, symbole de perfection géométrique ?

Rita : Écoute, moi les œufs je les mange au plat, je ne les pends quand même pas au plafond !

Pietro : Tu es incorrigible ! En tout cas, au cinéma Rivoli, ils passent [ils font] un film sur sa vie : il y a d'excellentes critiques dans les journaux, ils disent que c'est un vrai chef-d'œuvre.

Rita : Quelle barbe, encore un film sur un homme, fait par un homme pour un public masculin ! Pourquoi n'y a-t-il jamais de film sur des femmes peintres, sculpteurs, écrivains, au lieu toujours d'hommes peintres, sculpteurs, écrivains ?

Pietro : Alors [En somme], veux-tu venir ou pas ? Comme ça au moins tu pourras rouspéter après le film.

Rita : D'accord, quand est-ce que nous y allons ?

Pietro : Lundi prochain, tu peux, toi ?

Rita : Nous sommes le combien lundi ? [Combien en avons-nous lundi ?]

Pietro : Lundi nous sommes le 12.

Rita : Le 12, j'ai un rendez-vous en fin d'après-midi, je peux seulement le soir.

Pietro : Si tu veux, on va [nous allons] à la séance de dix heures. Je viens te chercher [prendre] chez toi à neuf heures et demie ?

Rita : Non, c'est moi qui viens chez toi, mais toi, descends dès que je sonne [la sonnette], je ne veux pas attendre un quart d'heure sur le trottoir comme d'habitude.

Pietro : D'accord, ronchonne ! À lundi, à neuf heures et demie, sois à l'heure !

APPUNTAMENTO AL CINEMA

Pietro: Ciao, Rita, che fai da queste parti?

Rita: Sto facendo un po' di shopping. Vicino a casa tua c'è uno dei migliori negozi di abbigliamento della città, e oggi cominciano i saldi.

Pietro: Che meraviglia…

Rita: Visto che hai le mani libere, aiutami a portare un po' di borse, sono molto pesanti e mi fanno male alle braccia!

Pietro: Certo! Due paia di braccia ne portano più di un paio solo, vero? Io invece ti propongo qualcosa di molto più interessante. Sto leggendo un bellissimo libro su Piero della Francesca, il grande pittore del Quattrocento. Sai, l'autore del famoso quadro dove c'è un uovo appeso nel centro della scena, simbolo di perfezione geometrica?

Rita: Senti, le uova io le mangio al tegamino, non le appendo mica al soffitto!

Pietro: Sei incorreggibile! In ogni caso al cinema *Rivoli* fanno un film sulla sua vita: ci sono ottime recensioni sui giornali, dicono che è un vero capolavoro.

Rita: Uffa, ancora un film su un uomo fatto da un uomo per un pubblico maschile! Perché non ci sono mai film su pittrici, scultrici, scrittrici, invece che sempre su pittori, scultori e scrittori?

Pietro: Insomma, vuoi venire o no? Così almeno puoi brontolare dopo il film.

Rita: Va bene, quando ci andiamo?

Pietro: Lunedì prossimo, tu puoi?

Rita: Quanti ne abbiamo lunedì?

Pietro: Lunedì è il dodici.

Rita: Il dodici ho un impegno in fine pomeriggio, posso solo alla sera.

Pietro: Se vuoi andiamo allo spettacolo delle dieci. Ti vengo a prendere a casa tua alle nove e mezza?

Rita: No, vengo io da te, ma tu scendi appena suono il campanello, non voglio aspettare un quarto d'ora sul marciapiede come al solito.

Pietro: Va bene, brontolona! A lunedì alle nove e mezza, puntuale!

COMPRENDRE LE DIALOGUE
DA QUESTE PARTI

Remarquez l'emploi de la préposition **da** dans l'expression idiomatique **da queste parti**, qui indique *par ici, dans ce coin, dans ce secteur…* Si le « coin » est loin, on utilise le démonstratif **quello** : **non vado mai da quelle parti** *je ne vais jamais dans ce coin-là*.

DA TE OU A CASA TUA

L'expression *chez* (au sens du domicile de quelqu'un) se traduit en italien :
- avec la préposition **da** suivie du nom ou du pronom personnel (on les verra en détail dans le Module n°13) : **vado da lui** *je vais chez lui* ou **vado da Luigi** *je vais chez Luigi*.
- par **a casa** suivi du possessif (ou de **di** + le nom) : **vado a casa sua** ou **vado a casa di Luigi**. Si ce n'est pas la maison, mais par exemple le magasin, le cabinet, etc., on n'utilise que **da** (contracté avec l'article) : **vado dal dottore** *je vais chez le docteur*.

VERO?

Nous avons vu dans le dialogue plusieurs manières de demander une confirmation à son interlocuteur, même si de façon purement « rhétorique », comme dans *n'est-ce pas ?* À la fin de la phrase, on dit, avec une intonation interrogative, **no?** ou **vero?** Les Italiens le disent très souvent, même simplement comme tic de langage.

LES SIÈCLES INDIQUÉS PAR LA CENTAINE : IL QUATTROCENTO

Tout en pouvant nommer les siècles par les mêmes nombres ordinaux qu'en français (**il quindicesimo secolo**, *le quinzième siècle*), en italien on les appelle le plus souvent par la centaine des dates contenues dans ce siècle : *le quinzième siècle* sera donc **il Quattrocento**, puisque les années de ce siècle contiennent le nombre 400 (par exemple 1459, **millequattrocentocinquantanove**). **Il Cinquecento** est donc *le seizième siècle*, **il Seicento** *le dix-septième*, etc.

DEMANDER LA DATE

Remarquez l'expression **Quanti ne abbiamo oggi?**, utilisée pour demander la date (le jour du mois) *Nous sommes le combien aujourd'hui ?* La réponse est **Oggi ne abbiamo dodici.** *Aujourd'hui, nous sommes le douze [nous en avons douze].*

MICA

La conjonction **mica** est souvent utilisée dans la langue parlée courante pour renforcer une négation : **non le appendo mica al soffitto!** correspond à quelque chose comme *je ne les pends quand même pas au plafond* !

L'INVERSION VERBE-SUJET

Remarquez la différence entre **vengo da te** *je viens chez toi*, **io vengo da te** *moi, je viens chez toi* et **vengo io da te** *c'est moi qui viens chez toi* : cela dépend de ce sur quoi l'on veut insister.

ATTIRER L'ATTENTION DE SON INTERLOCUTEUR

Certaines expressions verbales introduisent une phrase, comme pour fixer l'attention de l'interlocuteur sur ce que l'on va dire : **senti** *écoute*, ou aussi **guarda** *regarde* (même s'il n'y a rien à regarder…). À la forme de politesse, elles deviennent **senta** et **guardi**.

UFFA! QUELLE BARBE !

C'est la verbalisation du geste des Italiens lorsqu'ils soufflent en gonflant les joues, pour indiquer l'ennui, l'impatience, du mécontentement ou de l'insatisfaction. Apprendre une langue, c'est aussi connaître la gestuelle du peuple qui la parle !

NOTE CULTURELLE

Les Italiens sont très « friands » des soldes, surtout sur les vêtements : n'oubliez pas que c'est le pays de l'élégance… Pour éviter la concurrence déloyale, les dates des soldes, après avoir été longtemps réglées par des décrets municipaux, puis régionaux, sont aujourd'hui décidées au niveau national – les Italiens étaient prêts à faire des kilomètres et à aller dans une autre ville pour acheter bon marché ! Les soldes d'hiver commencent le premier jour ouvrable avant le 6 janvier (le jour de l'Épiphanie est férié en Italie), ceux d'été le premier samedi de juillet. À vos portefeuilles !

◆ GRAMMAIRE
PLURIELS PARTICULIERS :
MASCULIN SINGULIER EN -O, FÉMININ PLURIEL EN -A

Certains mots masculins au singulier terminant en **-o**, deviennent féminins en **-a** au pluriel : **l'uovo** *l'œuf* (masc. sing.) devient **le uova** (fém. plur.) ; **il paio** *la paire* devient le paia ; il centinaio *la centaine*, le centinaia ; il migliaio *le millier*, le migliaia ; il braccio *le bras*, le braccia ; il riso *le rire*, le risa.

Quelques-uns ont même deux pluriels ayant deux significations différentes : il muro *le mur*, fait son pluriel en i muri *les murs* et le mura *les remparts d'une ville fortifiée*.

FÉMININS PARTICULIERS : MASCULIN EN -TORE, FÉMININ EN -TRICE

De nombreux noms d'activités, artistiques ou pas, qui ont le masculin en **-tore** font le féminin en **-trice** : **pittore** *peintre*, **pittrice** ; **scultore** *sculpteur*/**scultrice** ; **scrittore** *écrivain*/**scrittrice** ; **attore** *comédien*/**attrice** ; **lavoratore** *travailleur*/**lavoratrice**. Il y a des exceptions, dont la plus importante est **dottore** *docteur*/**dottoressa**.

Ces noms forment régulièrement leur pluriel en **-i** au masculin, en **-e** au féminin. Remarquez également **la mano** *la main*, féminin en **-o**, au pluriel **le mani**.

▲ CONJUGAISON
LE PRÉSENT CONTINU OU PROGRESSIF ET LE GÉRONDIF

Le gérondif est de formation très simple : la désinence est **-ando** pour les verbes en **-are**, **-endo** pour les verbes en **-ere** et en **-ire**.

Nous allons l'utiliser pour le présent progressif, c'est-à-dire les expressions avec le verbe **stare** suivi du gérondif, qui équivalent au français *être en train de*, ou parfois simplement au présent mais avec une nuance temporelle d'action considérée dans sa durée : **Che cosa stai facendo? – Sto mangiando** *Qu'est-ce que tu es en train de faire ? – Je suis en train de manger.*

Les gérondifs irréguliers sont peu nombreux : **fare – facendo** (le radical est celui du latin : **facere**), **bere – bevendo**, **proporre – proponendo**, **dire – dicendo** (le radical est celui du latin : **dicere**).

VOCABULAIRE

l'abbigliamento *l'habillement*
aiutare *aider*
almeno *au moins*
appena *dès que*
appendere *accrocher*
appeso *accroché*
l'appuntamento *le rendez-vous*
aspettare *attendre*
brontolare *rouspéter*
brontolona *ronchonne*
il campanello *la sonnette*
il capolavoro *le chef-d'œuvre*
il cinema *le cinéma*
come al solito *comme d'habitude*
così *comme ça*
dopo *après*
famoso *célèbre*
fare male *faire mal*
il film *le film*
geometrica *géométrique*
i giornali *les journaux* (**il giornale** *le journal*)
l'impegno *le rendez-vous, l'engagement, l'occupation*
incorreggibile *incorrigible*
interessante *intéressant*
leggere *lire*
libere *libre (féminin pluriel)*
il libro *le livre*
mangiare *manger*
il marciapiede *le trottoir*
maschile *masculin* (**femminile** *féminin*)
la meraviglia *la merveille*
la perfezione *la perfection*
pesanti *lourds*
prossimo *prochain*
portare *porter*
il pubblico *le public*
puntuale *à l'heure*
il quadro *le tableau*
le recensioni *les critiques* (**la recensione** *la critique*)
i saldi *les soldes*
la scena *la scène*
scendere *descendre*
il simbolo *le symbole*
il soffitto *le plafond*
lo spettacolo *la séance, le spectacle*
suonare *sonner*
il tegamino (*diminutif de* **il tegame**) *la poêle*
l'uomo *l'homme* (**la donna** *la femme*)
venire a prendere *venir chercher*
visto che *vu que*
la vita *la vie*

◆ EXERCICES

1. COMPLÉTEZ LE TABLEAU SUIVANT.

Masculin	Féminin
l'attore famoso	
	le scrittrici americane
il dottore simpatico	
i pittori milanesi	

2. COMPLÉTEZ LE TABLEAU SUIVANT.

Singulier	Pluriel
	le uova fresche
il mio braccio	
il muro della casa	
	le nostre mani

3. COMPLÉTEZ AVEC LA FORME CORRECTE DU VERBE LE PLUS OPPORTUN : DOVERE, VENIRE, MANGIARE, PROPORRE.

a. Se hai bisogno di noi, ... da te oggi pomeriggio.

b. Questa agenzia .... appartamenti molto convenienti.

c. Quando fa caldo si .... bere molto.

d. Che cosa fate? – .... mangiando.

🔊 4. ÉCOUTEZ L'ENREGISTREMENT ET COMPLÉTEZ CES PHRASES AVEC LE GÉRONDIF.

11

a. Che fate da queste parti? – Stiamo .... a fare shopping.

b. Sto .... l'italiano perché ne ho bisogno per il mio lavoro.

c. Che cosa stai ....? – Un libro sui pittori del Quattrocento.

d. A quest'ora mio fratello sta .... colazione.

10.
DEMANDER SON CHEMIN

CHIEDERE UN'INFORMAZIONE STRADALE

OBJECTIFS	NOTIONS

- **DEMANDER SON CHEMIN**
- **EXPLIQUER POURQUOI ON VA DANS UN ENDROIT**
- **REMERCIER ET EXPRIMER SA RECONNAISSANCE**

- **LES PRONOMS PERSONNELS COMPLÉMENTS (FORMES FAIBLES)**
- **LE PASSÉ COMPOSÉ**
- **LE PARTICIPE PASSÉ DES VERBES RÉGULIERS ET DES PRINCIPAUX IRRÉGULIERS**

COMMENT FAIT-ON POUR ALLER RUE DE LA LUNE ?

Roberto : Bonjour, excusez-moi si je vous dérange, pouvez-vous m'indiquer le chemin pour aller rue de la Lune, s'il vous plaît ? Tout à l'heure j'ai demandé à un autre monsieur mais peut-être je n'ai pas bien compris [je n'ai pas compris bien] ses indications parce que je ne l'ai pas trouvée.

Dame : Écoutez, d'ici ce n'est pas compliqué, mais c'est un peu loin. Vous le voyez ce feu là-bas, à côté de l'immeuble en briques rouges ?

Roberto : Oui, c'est au prochain carrefour.

Dame : Exact ! [Bravo !] Là-bas vous devez tourner à droite, puis aller toujours tout droit pendant environ un kilomètre, jusqu'à un rond-point. Après le rond-point vous devez prendre la troisième à gauche, c'est rue Mazzini. Au bout de la rue Mazzini, il y a une place avec l'hôtel de ville et vous ne pouvez pas aller plus loin, vous devez obligatoirement tourner à droite. Là-bas, vous devez continuer encore un peu, vous passez devant une école, puis un supermarché et une station-service. Après le distributeur, la première rue transversale que vous trouvez, à droite et à gauche, c'est rue de la Lune. Mais excusez-moi, que cherchez-vous rue de la Lune ?

Roberto : Je voudrais visiter le musée archéologique ; c'est là-bas, n'est-ce pas ?

Dame : Non, pas du tout ! Heureusement je vous ai posé la question ! Le musée archéologique est boulevard de la Lune, non pas rue de la Lune ! Maintenant je suis à la retraite, mais j'y ai travaillé toute ma vie comme gardienne !

Roberto : Et comment on fait pour aller boulevard de la Lune ?

Dame : Heureusement, c'est encore plus simple. Le boulevard de la Lune est justement la route bordée d'arbres où il y a l'hôtel de ville. Cela vous semble clair maintenant ?

Roberto : Oui, maintenant tout est clair.

Dame : Écoutez, éventuellement je vous accompagne, comme cela vous ne vous perdez pas.

Roberto : Non, non, ce n'est pas nécessaire, cette fois-ci j'y arrive tout seul !

12 COME SI FA PER ANDARE IN VIA DELLA LUNA?

Roberto: Buongiorno, scusi se la disturbo, mi può indicare la strada per andare in via della Luna, per favore? Prima l'ho chiesto ad un altro signore ma forse non ho capito bene le sue indicazioni, perché non l'ho trovata.

Signora: Guardi, da qui non è molto complicato, ma è un po' lontano. Lo vede quel semaforo laggiù, di fianco al palazzo di mattoni rossi?

Roberto: Sì, è al prossimo incrocio.

Signora: Bravo! Là deve girare a destra e andare sempre dritto per circa un chilometro fino a una rotatoria. Dopo la rotatoria deve prendere la terza a sinistra, è via Mazzini. In fondo a via Mazzini c'è una piazza con il municipio, e non può continuare, deve girare per forza a destra. Là deve continuare ancora un po', passa davanti a una scuola, poi a un supermercato e a un distributore di benzina. Dopo il distributore, la prima traversa che trova, a destra e a sinistra, è la via della Luna. Ma scusi, che cosa cerca in via della Luna?

Roberto: Vorrei visitare il museo archeologico; è lì, no?

Signora: No, per niente! Meno male che le ho fatto la domanda! Il museo archeologico è in viale della Luna, non in via della Luna! Ora sono in pensione, ma ci ho lavorato tutta la vita come custode!

Roberto: E come si fa per andare in viale della Luna?

Signora: Per fortuna è ancora più semplice. Il viale della Luna è proprio la strada alberata dove c'è il municipio. Le sembra chiaro adesso?

Roberto: Sì, ora è tutto chiaro.

Signora: Senta, magari l'accompagno io, così non si perde.

Roberto: No no, non è necessario, questa volta ce la faccio da solo!

■ COMPRENDRE LE DIALOGUE
DEMANDER SON CHEMIN

Retenez deux formules pour demander son chemin : **come si fa per andare… ?** *comment on fait pour aller… ?* et **mi può indicare** (ou **dire**) **la strada per andare… ?** *pouvez-vous m'indiquer le chemin pour aller… ?* bien sûr précédé de **scusi** et suivi de **per favore**. Si cela est dit à la forme plus confidentielle, par exemple un jeune s'adressant à un autre jeune, cela devient : **scusa, mi puoi dire come si fa per andare in via della Luna, per favore?**

LA PRÉPOSITION IN DANS LES ADRESSES

Elle précède toujours une adresse dans les expressions : **Che cosa cerca in via della Luna ?** *Que cherchez-vous rue de la Lune ?* ou **Abito in piazza Italia 35.** *J'habite 35, place d'Italie.*

MENO MALE (OU MENOMALE) ET PER FORTUNA

Deux locutions équivalentes pour dire *heureusement* : **meno male che le ho fatto la domanda!** ou **per fortuna sei arrivato in tempo!** *Heureusement tu es arrivé à temps !*

CE LA FACCIO

Cette expression correspond à *y arriver*, au sens d'atteindre un objectif, en soulignant tout de même que c'est grâce à un effort. Elle est formée avec le verbe **fare**, au présent de l'indicatif c'est **ce la faccio**, *j'y arrive*, **ce la fai**, **ce la fa**, **ce la facciamo**, **ce la fate**, **ce la fanno**. Au passé composé le participe passé s'accorde au féminin singulier avec **la** : **ce l'ho fatta** *j'y suis arrivé*, **ce l'hai fatta**, etc. Remarquez le sens de la forme négative **non ce la faccio più** *je n'en peux plus*.

NOTE CULTURELLE

La dame qui renseigne Roberto **è in pensione**, elle est à la retraite. **Andare in pensione**, c'est *partir à la retraite*, ce à quoi tous les Italiens ont droit, à des âges variables (en moyenne à 66 ans) selon les professions et le sexe, et surtout qui changent tout le temps à cause des lois réglant le système de Sécurité sociale en Italie. Le système public des retraites, financé par les impôts, est géré par l'**INPS (Istituto Nazionale di Previdenza Sociale)**, qui est également l'institution publique la plus importante garantissant des prestations sociales comme l'indemnité de chômage, de maladie, de licenciement, les allocations familiales, etc.

GRAMMAIRE
LES PRONOMS PERSONNELS COMPLÉMENTS (FORMES FAIBLES)

Ils sont utilisés avant le verbe, comme complément d'objet direct ou comme complément d'objet indirect. Les voici :

Pronom sujet	Complément d'objet direct	Complément d'objet indirect
io	mi	mi
tu	ti	ti
lui, lei	**lo** (masc.), **la** (fém. et forme de politesse)	**gli** (masc.), **le** (fém. et forme de politesse)
noi	ci	ci
voi	vi	vi
loro	**li** (masc.), **le** (fém.)	gli

Puisque la personne de politesse est la 3e personne du singulier au féminin (**lei**) ce sont les pronoms personnels compléments correspondant à cette personne qui sont utilisés pour ce cas :

Gli parlo. *Je lui parle* (à lui).
Le parlo. *Je lui parle* (à elle) et *Je vous parle* (forme de politesse).
La vedo. *Je la vois* (elle) et *Je vous vois* (forme de politesse).

▲ CONJUGAISON
LE PASSÉ COMPOSÉ

• Comme en français, le passé composé est formé du présent de l'indicatif du verbe **essere** ou **avere** suivi du participe passé du verbe à conjuguer :
Andare *aller* : **sono andato, sei andato, è andato, siamo andati, siete andati, sono andati.**
Mangiare *manger* : **ho mangiato, hai mangiato, ha mangiato, abbiamo mangiato, avete mangiato, hanno mangiato.**
• Retenez que si le verbe auxiliaire est **essere**, le participe passé s'accorde avec le sujet, alors qu'avec **avere** il reste invariable. Dans le cas précédent (verbe **andare**), si le sujet est féminin, on dira donc **sono andata**, etc. et **siamo andate**, etc.

- Par contre, quand le verbe au passé composé conjugué avec **avere** est précédé du complément d'objet direct, par exemple sous la forme d'un pronom personnel complément, le participe passé s'accorde avec lui : **Le sue indicazioni, non le ho capite.** *Ses indications, je ne les ai pas comprises.*
- On utilise le verbe **essere** pour les verbes intransitifs (de mouvement, d'état, indiquant un devenir) et pour les formes réfléchies et pronominales ; on utilise **avere** pour les verbes transitifs et pour quelques intransitifs exceptionnels, dont les plus importants sont **dormire** *dormir*, **ridere** *rire*, **correre** *courir*.
- Dans la plupart des cas, le choix de l'auxiliaire se fait comme en français. Remarquez tout de même que **piacere** prend le verbe **essere** : **questa città mi è piaciuta molto** *cette ville m'a beaucoup plu.*
- Les verbes **avere** et **essere** ont comme auxiliaires eux-mêmes : **sono stato** *j'ai été* ; **ho avuto** *j'ai eu.*

LE PARTICIPE PASSÉ

- **VERBES RÉGULIERS**

Désinence de l'infinitif	-are	-ere	-ire
Désinence du participe passé	-ato	-uto	-ito

Exemples : **parlare – parlato, vendere – venduto, finire – finito**.

- **VERBES IRRÉGULIERS**

Malheureusement, la plupart des verbes sont irréguliers au participe passé… Voici les plus fréquents :
- en **-are** : **fare – fatto**.
- en **-ere** : **bere** *boire* – **bevuto, chiedere** *demander* – **chiesto, chiudere** *fermer* – **chiuso, correre** *courir* – **corso, decidere** *décider* – **deciso, dividere** *diviser, partager* – **diviso, leggere** *lire* – **letto, mettere** *mettre* – **messo, perdere** *perdre* – **perso, prendere** *prendre* – **preso, ridere** *rire* – **riso, scrivere** *écrire* – **scritto, vedere** *voir* – **visto, vivere** *vivre* – **vissuto**.
- en **-ire** : **aprire** *ouvrir* – **aperto, dire** – **detto, venire** – **venuto**.

● VOCABULAIRE

accompagnare *accompagner*
alberato *bordé d'arbres*
archeologico *archéologique*
la benzina *l'essence*
chiaro *clair*
chiedere *demander*
il chilometro *le kilomètre*
complicato *compliqué*
continuare *continuer*
il custode *le gardien*
davanti *devant*
il distributore di benzina
   la station-service
la domanda *la question*
dritto *droit*
fino a *jusqu'à*
girare *tourner*
l'incrocio *le carrefour*
indicare *indiquer*
le indicazioni *les indications*
   (**l'indicazione** *l'indication*)
laggiù *là-bas*
lontano *loin*
magari *éventuellement, peut-être*
i mattoni *les briques* (**il mattone**
   la brique)
il municipio *l'hôtel de ville*
il museo *le musée*
necessario *nécessaire*
il palazzo *l'immeuble*
la pensione *la retraite*
perdersi *se perdre*
per niente *pas du tout, pour rien*

la piazza *la place*
la rotatoria *le rond-point*
il semaforo *le feu tricolore*
semplice *simple*
la strada *la route, le chemin*
il supermercato *le supermarché*
la traversa *la rue transversale*

● EXERCICES

1. COMPLÉTEZ AVEC LE PRONOM PERSONNEL COMPLÉMENT (FORME FAIBLE) ADAPTÉ.

a. Quando ho incontrato Luisa, ... ho detto tutto.

b. Se .... racconti la tua situazione, forse posso fare qualcosa per te.

c. Carlo mi è molto simpatico, ma purtroppo non .... vedo mai.

d. Gli spaghetti sono il mio piatto preferito, ... mangio spesso.

2. TOURNEZ AU PASSÉ COMPOSÉ LES PHRASES SUIVANTES AU PRÉSENT DE L'INDICATIF.

a. Studio l'italiano per il mio lavoro.
→..

b. Luisa e Carla partono presto per evitare il traffico.
→..

c. Ringraziate il vigile per l'informazione.
→..

3. ÉCOUTEZ L'ENREGISTREMENT ET COMPLÉTEZ CES PHRASES AVEC LA FORME CORRECTE DU PASSÉ COMPOSÉ.

a. In vacanza .... (leggere) quel libro, ma ora l'ho dimenticato.

b. La mia ditta .... (essere) la più importante della città, ma non lo è più.

c. Ragazzi, ... (vedere) l'ultimo film di Sorrentino?

d. Io e mia sorella .... (chiedere) un'informazione a un vigile.

11.
FAIRE SES COURSES
FARE LA SPESA

OBJECTIFS

- **DEMANDER DES INFORMATIONS COMMERCIALES**
- **LES NOMS DES COMMERÇANTS ET DES MAGASINS**
- **LES NOMS DES DENRÉES ALIMENTAIRES**

NOTIONS

- **LES PRONOMS PERSONNELS COMPLÉMENTS (FORMES FORTES)**
- **LA PLACE DES PRONOMS COMPLÉMENTS (FORMES FAIBLES) AVEC LES VERBES À L'INFINITIF ET AU GÉRONDIF**
- **L'IMPARFAIT DE L'INDICATIF**

AU SUPERMARCHÉ

Madame Maluccelli : Excusez-moi, pouvez-vous [savez-vous] me dire où est le rayon boucherie, s'il vous plaît ?

Vendeur : Regardez, c'est au bout du troisième rayon, tout de suite sur votre gauche.

Madame Maluccelli : Savez-vous si par hasard ils ont du saucisson à cuire ?

Vendeur : Je ne sais pas, madame, peut-être devez-vous aller dans une charcuterie, le saucisson à cuire ici nous l'avons seulement à Noël [pour Noël]. Voilà mon directeur, vous pouvez parler avec lui, il le sait sûrement.

Madame Maluccelli : Non, je ne veux pas parler avec lui, je ne le trouve pas du tout gentil. Celui d'avant était plus sympathique, vous ne trouvez pas ?

Vendeur : Je ne sais que vous dire, madame. Celui d'avant habitait loin et a demandé une mutation.

Madame Maluccelli : Oui, c'est vrai, en l'entendant parler on comprenait qu'il n'était pas d'ici, il avait un accent étrange. Mais vous, que vendez-vous, excusez-moi ?

Vendeur : Je suis responsable du rayon fruits et légumes. Puis-je vous être utile en quelque chose, madame ?

Madame Maluccelli : Bien sûr ! Vous me donnez un kilo de pommes de terre, un oignon et deux ou trois cents grammes de carottes, s'il vous plaît ?

Vendeur : Voilà , je vous mets tout dans trois petits sacs et c'est vous qui devez aller les peser à la balance, puis passer à la caisse, si cela ne vous dérange pas.

Vendeur : Oui, oui, je sais comment on fait, je viens faire mes courses ici chez vous presque tous les jours. J'y trouve vraiment tout, regardez ici : le pain comme chez le boulanger, le lait, les biscuits, le chocolat, le fromage, la viande, le poisson, les fruits et les légumes, et même la lessive et les produits pour le nettoyage de la maison.

Vendeur : À propos de fruits, avez-vous vu quelles belles pommes et quelles belles oranges nous avons ?

Madame Maluccelli : Oui, mais maintenant je dois vraiment m'en aller, éventuellement je reviens demain. J'aime y venir souvent, pour acheter toujours de la marchandise fraîche, et puis… je bavarde avec vous, les vendeurs !

13 AL SUPERMERCATO

Signora Maluccelli: Scusi, mi sa dire dov'è il reparto macelleria, per favore?

Commesso: Guardi, è in fondo alla terza corsia, subito sulla sua sinistra.

Signora Maluccelli: Sa se per caso hanno il cotechino?

Commesso: Non lo so, signora, forse deve andare in una salumeria, il cotechino qui lo abbiamo solo per Natale. Ecco il mio direttore, può parlare con lui, lo sa di sicuro.

Signora Maluccelli: No, con lui non voglio parlare, non lo trovo affatto gentile. Era più simpatico quello di prima, non trova?

Commesso: Non so che dirle, signora. Quello di prima abitava lontano e ha chiesto il trasferimento.

Signora Maluccelli: Sì, è vero, sentendolo parlare si capiva che non era di qui, aveva uno strano accento. Ma lei che cosa vende, scusi?

Commesso: Sono addetto al reparto ortofrutta. Posso esserle utile in qualche cosa, signora?

Signora Maluccelli: Certo! Mi dà un chilo di patate, una cipolla e due o tre etti di carote, per favore?

Commesso: Ecco, le metto tutto in tre sacchetti e deve andare lei a pesarli alla bilancia, poi passare alla cassa, se non le dispiace.

Signora Maluccelli: Sì sì, so come si fa, vengo a fare la spesa qui da voi quasi tutti i giorni. Ci trovo proprio tutto: il pane buono come dal fornaio, il latte, i biscotti, la cioccolata, il formaggio, la carne, il pesce, la frutta e la verdura, e persino il detersivo e i prodotti per la pulizia della casa.

Commesso: A proposito di frutta, ha visto che belle mele e che belle arance abbiamo?

Signora Maluccelli: Sì, ma adesso devo proprio andare via, magari torno domani. Mi piace venirci spesso per comprare sempre roba fresca, e poi… chiacchiero con voi commessi!

COMPRENDRE LE DIALOGUE
AFFATTO

L'adverbe **affatto** renforce la négation : **non mi piace affatto** *cela ne me plaît pas du tout*. L'expression **niente affatto**, toute seule, signifie *pas du tout* : **Ti piace? – Niente affatto.** *Cela te plaît ? – Pas du tout.*

EXPRESSIONS DE POIDS

On utilise les multiples du gramme, donc **un etto** (abrégé de **ettogrammo**) pour *100 g*, **due etti** pour *200 g*, etc. Par contre, *la livre (500 g)* se dit **il mezzo chilo** ou bien **cinque etti** ; *50 g* est **mezzo etto** et *150 g* **un etto e mezzo**. **Vorrei mezzo chilo di patate** *Je voudrais une livre de pommes de terre.*

CHEZ

La préposition **da** indique *chez* non seulement pour le domicile de quelqu'un (**vengo da te** *je viens chez toi*), mais aussi pour les magasins, suivie donc des noms des marchands, comme ici : **dal fornaio** *chez le boulanger.*

VIA

L'adverbe **via** ajoute une nuance d'éloignement aux verbes de mouvement : **è andato via** *il s'en est allé* ; **è scappato via** (verbe **scappare** *s'échapper*) *il s'est échappé loin*. Tout seul, **via!** est une exclamation que l'on adresse à quelqu'un que l'on veut chasser, comme on lui dirait **va' via!** *va-t'en !*. Enfin, dans le sport, c'est le signal du départ d'une course : **Ai vostri posti, pronti? Via!** *À vos marques, prêts ? Partez !*

NOTE CULTURELLE

Il cotechino, *saucisson à cuire*, est une spécialité de la cuisine de Noël d'Italie du Nord, de même que **lo zampone** *pied de porc farci* et, comme desserts, **il panettone** (de Milan) et **il pandoro** (de Vérone). Comme pour toutes les traditions populaires, il y a de grandes différences entre le Nord et le Sud, où à Noël on aime manger **il cappone ripieno** *le chapon farci* et **gli struffoli** (une sorte de beignets frits croquants).

GRAMMAIRE
LES PRONOMS PERSONNELS COMPLÉMENTS (FORMES FORTES)

En général, ils soulignent l'importance du complément :
1. Comme complément indirect avec la préposition **a**, parfois par opposition avec un autre pronom : **Parli a me?** *C'est à moi que tu parles ?*
2. Comme complément d'objet direct, après le verbe : **Voglio te.** *C'est toi que je veux.*
Ils suivent la préposition dans tous les autres compléments : **L'ho fatto per lei.** *Je l'ai fait pour elle.*

Pronom sujet	Complément d'objet direct et indirect (forme forte)
io	me
tu	te
lui, lei	lui (masc.), lei (fém. et forme de politesse)
noi	noi
voi	voi
loro	loro (masc. et fém.)

Speravo di vedere proprio voi. *C'est justement vous que j'espérais voir.*
Parlo a lui ma mi rispondi tu. *C'est à lui que je parle mais c'est toi qui me réponds.*
Avvocato, sono venuto da lei per un consiglio. *Maître, je suis venu chez vous pour un conseil.*

LA PLACE DES PRONOMS PERSONNELS COMPLÉMENTS (FORMES FAIBLES : MODULE N°10) AVEC LES VERBES À L'INFINITIF ET AU GÉRONDIF

Ils forment un seul mot avec le verbe, en s'attachant à la dernière syllabe. Avec l'infinitif, le verbe perd sa voyelle finale :
Voglio parlargli. *Je veux lui parler.*
Dovevo immaginarlo! *Je devais l'imaginer !*
Sentendolo parlare, si capiva che non era di qui. *En l'entendant parler, on comprenait qu'il n'était pas d'ici.*
Cependant, cette fusion des deux mots n'est pas obligatoire avec l'infinitif : quand il est précédé d'un verbe conjugué, le pronom personnel peut également précéder le premier verbe. Remarquez que la dame dit : **Mi sa dire… ?** *Savez-vous me dire…?* ; elle aurait pu aussi bien dire **Sa dirmi…?** Les deux phrases sont équivalentes.

Cette contraction se fait également avec les pronoms neutres **ci** (*y* français) et **ne** (*en* français) : **mi piace venirci spesso** *j'aime y venir souvent* ; **voglio parlarne** *je veux en parler*.

▲ CONJUGAISON
L'IMPARFAIT DE L'INDICATIF

Les verbes réguliers rajoutent au radical les suffixes **-av-** (verbes en **-are**), **-ev-** (verbes en **-ere**), **-iv-** (verbes en **-ire**), suivis des désinences suivantes, les mêmes pour les trois groupes : **-o, -i, -a, -amo, -ate, -ano**.

parlare	prendere	finire
parlavo	prendevo	finivo
parlavi	prendevi	finivi
parlava	prendeva	finiva
parlavamo	prendevamo	finivamo
parlavate	prendevate	finivate
parlavano	prendevano	finivano

La plupart des verbes irréguliers ne le sont pas à l'imparfait. Retenez quand même l'imparfait de **essere** : **ero, eri, era, eravamo, eravate, erano** ; et les verbes **fare**, **bere** e **dire** qui forment l'imparfait à partir des radicaux de leurs infinitifs latins : **fac-** (**facevo, facevi** etc.), **bev-** (**bevevo**, etc.), **dic-** (**dicevo**, etc.).

◆ EXERCICES

1. COMPLÉTEZ AVEC LE PRONOM PERSONNEL COMPLÉMENT (FORME FORTE) ADAPTÉ.

a. Ti trovo molto simpatico, mi piace lavorare con ....

b. Se ci raccontate la vostra situazione, forse possiamo fare qualcosa per ....

c. Conosciamo bene Laura e Claudio, siamo andati in vacanza con .... l'anno scorso.

d. Anch'io ho bisogno di parlare a Veronica, se vuoi andiamo insieme da ....

VOCABULAIRE

accanto à côté de
addetto responsable, attaché
le arance les oranges (**l'arancia** l'orange)
la bilancia la balance
i biscotti les biscuits (**il biscotto** le biscuit)
la carne la viande
le carote les carottes (**la carota** la carotte)
la cassa la caisse
chiacchierare bavarder
il chilo le kilo
la cioccolata le chocolat
la cipolla l'oignon
comprare acheter
la corsia le rayon (d'un magasin)
il detersivo la lessive
il direttore le directeur
di sicuro sûrement
il formaggio le fromage
il fornaio le boulanger
fresca fraîche
la frutta les fruits
il latte le lait
la macelleria la boucherie
le mele les pommes (**la mela** la pomme)
il Natale le Noël
ortofrutta fruits et légumes
il pane le pain
le patate les pommes de terre (**la patata** la pomme de terre)
pesare peser
prima avant
i prodotti les produits (**il prodotto** le produit)
la pulizia le nettoyage, la propreté
la roba la marchandise (nom collectif, selon le contexte : les choses, les affaires)
il reparto le rayon
i sacchetti les sacs (en plastique) (**il sacchetto** le sac)
la salumeria la charcuterie (boutique)
la spesa les courses (Attention, singulier en italien)
strano étrange
il trasferimento la mutation
la verdura les légumes (Attention, singulier en italien)

2. CONJUGUEZ À L'IMPARFAIT DE L'INDICATIF LES PHRASES SUIVANTES AU PASSÉ COMPOSÉ.

a. Avete fatto la spesa al supermercato. → ....

b. Hanno bevuto solamente acqua. → ....

c. Non ha detto niente. → ....

d. Sei stato a Firenze? → ....

3. TRADUISEZ LES PHRASES SUIVANTES.

a. Tu buvais. → ....

b. Ils mangeaient. → ....

c. Vous disiez. → ....

d. Nous prenions. → ....

e. Je finissais. → ....

12.
ALLER CHEZ LE MÉDECIN

ANDARE DAL MEDICO

OBJECTIFS	**NOTIONS**
- DÉCRIRE SON ÉTAT PHYSIQUE - LA SANTÉ - DEMANDER DES EXPLICATIONS MÉDICALES	- LA PLACE DES PRONOMS PERSONNELS AVEC L'IMPÉRATIF - L'IMPÉRATIF (FORMEL ET INFORMEL)

UN TRÈS MAUVAIS RHUME

Docteure : Je vous en prie, venez donc, entrez ! Dites-moi.

François : Bonjour, docteur. J'ai un très mauvais rhume, et de la toux aussi. Je me mouche tout le temps, dès que je respire je commence à tousser et j'ai mal à la poitrine, et à la tête aussi.

Docteure : On va voir [Maintenant nous voyons]. Asseyez-vous sur le lit et enlevez votre chemise. Respirez profondément, comme cela. Sortez votre langue pour que je regarde [que je regarde] votre gorge. Bien, asseyez-vous et je vous fais l'ordonnance pour aller à la pharmacie.

François : Rien de grave, j'espère…

Docteure : Non, ne vous inquiétez [préoccupez] pas, c'est un gros rhume mais on doit le soigner, sinon il peut se transformer en bronchite.

François : Excusez-moi, pouvons-nous nous tutoyer ? Je suis en train d'apprendre l'italien, et je ne sais pas encore bien utiliser la forme de politesse avec « lei ».

Docteure : Mais bien sûr ! Tu as l'âge de mon fils ! Viens, assieds-toi ici et écoute-moi bien : va tout de suite à la pharmacie et prends ces médicaments. Mais vas-y tout de suite et prends-les dès ce soir, pour ne pas faire empirer la toux. Dis-moi : tu n'as pas eu de fièvre ces jours-ci, n'est-ce pas ?

François : Non, non, pas de fièvre [rien fièvre]. Seulement beaucoup de mal de gorge quand je tousse.

Docteure : Bien, alors le sirop suffit : prends-en une cuillerée trois fois par jour. Attention [Je me recommande], fais-le : soigne-toi comme il faut, le rhume et la toux peuvent devenir des choses très sérieuses, s'ils ne sont pas soignés comme il faut. Donc ne les prends pas à la légère. Ne néglige pas ta santé !

14 UN BRUTTISSIMO RAFFREDDORE

Dottoressa: Si accomodi, venga pure avanti. Entri! Mi dica.

François: Buongiorno dottore. Ho un bruttissimo raffreddore, e anche la tosse. Mi soffio sempre il naso, appena respiro comincio a tossire e mi fa male il petto, e anche la testa.

Dottoressa: Ora vediamo. Si sieda sul lettino e si levi la camicia. Respiri profondamente più volte, così. Tiri fuori la lingua che le guardo la gola. Bene, si sieda e le faccio la ricetta per andare in farmacia.

François: Niente di grave, spero…

Dottoressa: No, non si preoccupi, è un grosso raffreddore ma si deve curare, se no può diventare una bronchite.

François: Scusi, possiamo darci del tu? Sto imparando l'italiano, e non so ancora usare bene la forma di cortesia con il "lei".

Dottoressa: Ma certo! Hai l'età di mio figlio! Vieni, siediti qui e ascoltami bene: va' subito in farmacia e prendi queste medicine. Ma vacci subito e prendile già questa sera, per non fare peggiorare la tosse. Dimmi: non hai avuto la febbre in questi giorni, vero?

François: No no, niente febbre. Solo tanto mal di gola quando tossisco.

Dottoressa: Bene, allora basta lo sciroppo: prendine un cucchiaio tre volte al giorno. Mi raccomando, fallo: curati per bene, il raffreddore e la tosse possono diventare cose molto serie, se non sono curate come si deve. Dunque non prenderle alla leggera. Non trascurare la tua salute!

■ COMPRENDRE LE DIALOGUE
« FAUX » RÉFLÉCHIS

Ce sont des expressions où les verbes sont utilisés dans leur forme réfléchie ou pronominale improprement, puisqu'il y a un complément d'objet direct aussi, comme **mi soffio il naso** je me mouche, littéralement : je me souffle le nez ou **mi levo la camicia** j'enlève ma chemise, littéralement : je m'enlève la chemise. Cela arrive aussi quand il y a un sujet, comme **mi fa male la testa** j'ai mal à la tête littéralement, me fait mal la tête.

NOTE CULTURELLE

Le système médical italien est en grande partie décentralisé et géré par **le Aziende Sanitarie Locali (A.S.L.)**, qui ont remplacé depuis 1980 **le Mutue (Enti Mutualistici)**, organismes nationaux correspondant à la Sécurité sociale mais divisés par catégories professionnelles. C'est un système qui garantit l'assistance médicale universelle (inscrite dans la Constitution italienne depuis 1948), qui ne dépend donc pas du statut de travailleur de l'assisté. Les Italiens choisissent un médecin traitant sur une liste proposée par l'**A.S.L.** dont ils dépendent, et peuvent consulter gratuitement leur docteur. S'ils souhaitent consulter un spécialiste, ils vont chez lui lui demander **un'impegnativa**, c'est-à-dire une demande de sa part leur permettant de consulter le spécialiste gratuitement ou moyennant le prix d'un ticket modérateur, **il ticket**, dont la valeur est variable. Bien sûr, il est toujours possible d'aller voir n'importe quel médecin en dehors du système d'assistance publique et de payer ses honoraires. Les médicaments prescrits par le médecin traitant sont également sujets au paiement du **ticket** – sauf les produits qui ne sont pas du tout remboursés (**non mutuabili**). Il n'est pas inutile de dire que les Italiens, habituellement « grognons » au sujet de leur propre pays, sont dans l'ensemble satisfaits de leur système médical, quand on en discute avec eux.

▲ CONJUGAISON
L'IMPÉRATIF

Dans le tableau suivant, vous trouverez les formes de l'impératif pour le singulier (2e et 3e personnes du singulier, qui correspondent l'une au tutoiement, à l'informel, et l'autre au formel, au vouvoiement) et pour le pluriel (1re et 2e personnes) des verbes réguliers.

	1ᵉʳ groupe en **-are**	2ᵉ groupe en **-ere**	3ᵉ groupe en **-ire**
	parlare	prendere	finire / partire
2ᵉ pers. sing. (**tu**)	parl**a**!	prend**i**!	fin**isci**! / part**i**!
3ᵉ pers. sing. (**lei**) (forme de politesse)	parl**i**!	prend**a**!	fin**isca**! / part**a**!
1ʳᵉ pers. plur. (**noi**)	parl**iamo**!	prend**iamo**!	fin**iamo**! / part**iamo**!
2ᵉ pers. plur. (**voi**)	parl**ate**!	prend**ete**!	fin**ite**! / part**ite**!

- Les personnes du pluriel sont identiques aux mêmes personnes du présent de l'indicatif, alors qu'au singulier il y a des différences.
- La forme négative de l'impératif est obtenue simplement en plaçant **non** devant le verbe : **non partite!** *ne partez pas !* Notez qu'à la forme négative, le verbe de la 2ᵉ personne du singulier est à l'infinitif, et **non** se place juste avant : **Non trascurare la tua salute!** *Ne néglige pas ta santé !*
- Pour les verbes irréguliers, l'impératif est toujours conjugué sur le radical du présent de l'indicatif : **Tieni!** *Tiens !* (de **tenere** *tenir*).
- Il existe tout de même cinq impératifs monosyllabiques (à la 2ᵉ personne du singulier), qu'il est important de retenir pour leur grande fréquence dans l'usage quotidien : **da' (dare), di' (dire), fa' (fare), sta' (stare), va' (andare)**. Remarquez qu'ils s'écrivent tous avec une apostrophe finale, puisqu'ils sont le résultat de l'élision de la voyelle finale.

◆ GRAMMAIRE
LA PLACE DES PRONOMS PERSONNELS AVEC L'IMPÉRATIF

Les pronoms personnels s'attachent à la fin de l'impératif en formant avec lui un seul mot : **ascoltami** *écoute-moi* ; **prendile** *prends-les*.

Ceci est valable également avec les pronoms des formes réfléchies : **siediti** *assieds-toi* ; **curati** *soigne-toi*.

Cette règle ne s'applique pas à la forme de politesse, où les pronoms (forme faible et forme réfléchie) précèdent normalement le verbe : **mi dica** *dites-moi* ; **si sieda** *asseyez-vous*.

Avec les impératifs monosyllabiques, les pronoms redoublent leur première consonne : **dimmi** *dis-moi* ; **fallo** *fais-le*. Le pronom **gli**, par contre, ne change pas : **digli** *dis-lui*.

Toutes ces règles s'appliquent également à **ci** *y*, et **ne** *en* : **prendine** *prends-en* ; **vacci** *vas-y*.

EXERCICES

1. COMPLÉTEZ AVEC LA FORME CORRECTE DE L'IMPÉRATIF.

a. Ho trovato questo per te, ... (tenere)

b. .... se no perdiamo il treno! (andare)

c. Signora, ... a cena da noi domani! (venire)

d. Ragazzi, ... quello che ho da dirvi. (sentire)

e. Se non vuoi, non .... quel libro. (leggere)

2. TRADUISEZ LES PHRASES SUIVANTES.

a. Allons-y. → ....

b. Prends-en trois. → ....

c. Ne le fais pas. → ....

d. Fais-le. → ....

3. CONJUGUEZ LES PHRASES SUIVANTES AU PASSÉ COMPOSÉ ET À L'IMPARFAIT.

a. Mia sorella va in vacanza al mare.

→ ....

b. Beviamo caffè per non dormire.

→ ....

c. Marco e Luca si preoccupano troppo.

→ ....

d. Prendi la mia macchina ogni mattina.

→ ....

4. ÉCOUTEZ L'ENREGISTREMENT ET COMPLÉTEZ LES PHRASES SUIVANTES.

a. Le faccio la ricetta per andare in farmacia a comprare le ....

b. Prenda un .... di sciroppo tre volte al giorno.

c. Se non la curi, la tosse può ....

VOCABULAIRE

ascoltare écouter
la bronchite la bronchite
brutto/bruttissimo (très) mauvais/ laid/moche
la camicia la chemise
come si deve comme il faut
cominciare commencer
il cucchiaio la cuillère à soupe
curare soigner
diventare devenir
la farmacia la pharmacie
la febbre la fièvre
il figlio le fils **(la figlia** la fille)
la gola la gorge
grave grave
grosso gros
il lettino le lit (chez le médecin), petit lit (pour les enfants)
levare enlever
la lingua la langue
mal di gola mal de gorge
le medicine les médicaments (**la medicina** le médicament)
il naso le nez
peggiorare empirer
per bene (ou **perbene**) bien
il petto la poitrine
prendere alla leggera prendre à la légère
preoccuparsi se préoccuper
profondamente profondément
raccomandare recommander
il raffreddore le rhume
respirare respirer
la ricetta l'ordonnance
la salute la santé
lo sciroppo le sirop
serie sérieuses (**serio** sérieux)
soffiare souffler
la testa la tête
tirare fuori sortir (quelque chose de quelque part)
la tosse la toux
tossire tousser
trascurare négliger
le volte les fois (**la volta** la fois)

III

EN

VILLE

13.
ALLER À LA BANQUE

ANDARE IN BANCA

OBJECTIFS	NOTIONS
• PARLER AU FUTUR • LE VOCABULAIRE DE LA BANQUE ET DE L'ARGENT	• LE FUTUR DE L'INDICATIF • LE FUTUR DES VERBES EN -CARE ET EN -GARE • LE FUTUR DES PRINCIPAUX VERBES IRRÉGULIERS

OUVRIR UN COMPTE BANCAIRE

Susan : Je voudrais ouvrir un compte dans cette agence. Je viens des États-Unis et je travaillerai en Italie pendant [pour] au moins un an, donc je devrai avoir un compte ici, pour retirer du liquide, faire des chèques et utiliser une carte de crédit.

Employé : Bien sûr, mademoiselle, nous ferons tout le nécessaire. Vous devrez bien sûr faire créditer ici votre salaire. Pour cela, il suffira de communiquer vos coordonnées bancaires à votre employeur [donneur de travail], comme ça, il vous versera par virement le montant du salaire directement sur le compte.

Susan : Certainement, ensuite je paierai aussi toutes mes factures sur ce compte.

Employé : Pour cela aussi [Aussi pour cela], si vous communiquez vos coordonnées bancaires aux différents fournisseurs, vous pourrez justement payer l'électricité, le gaz, l'eau et le téléphone par votre banque, évidemment sans jamais vous déplacer : c'est nous qui faisons tout ! D'ailleurs, toutes vos opérations, vous pourrez les faire sur votre banque en ligne, de chez vous avec votre ordinateur ou votre portable : les virements, le paiement de votre forfait téléphonique, la redevance télé, le paiement des impôts.

Susan : J'aurai aussi besoin d'une carte de crédit.

Employé : Nous vous ferons aussi bien la carte de crédit, avec débit de toutes vos dépenses le mois suivant, qu'un « bancomat », qui vous servira pour les retraits. Pour les achats dans les magasins, par contre, avec le bancomat, le débit est immédiat.

Susan : D'accord, nous verrons toutes ces questions quand mon premier salaire sera viré. Pour l'instant, préparez-moi tous les papiers à signer pour demain matin. Je passerai vers huit heures et demie, avant d'aller au bureau. Serez-vous déjà ouverts à cette heure-là ?

Employé : Bien sûr, nous ouvrons à huit heures tous les matins.

15 APRIRE UN CONTO BANCARIO

Susan: Vorrei aprire un conto in questa agenzia. Vengo dagli Stati Uniti e lavorerò in Italia per almeno un anno, dunque dovrò avere un conto qui, per prelevare contanti, emettere assegni, e usare una carta di credito.

Impiegato: Certo, signorina, faremo tutto il necessario. Dovrà naturalmente domiciliare qui il suo stipendio. Per questo basterà comunicare il suo IBAN al suo datore di lavoro, così lui tramite bonifico verserà l'importo dello stipendio direttamente sul conto.

Susan: Certamente, poi pagherò anche tutte le mie bollette su questo conto.

Impiegato: Anche per questo, se comunicherà l'IBAN ai vari fornitori, potrà appunto pagare luce, gas, acqua e telefono attraverso la sua banca, ovviamente senza scomodarsi mai: facciamo tutto noi! Del resto, tutte le sue operazioni, le potrà fare tramite l'*home banking*, da casa con il suo computer o col cellulare: bonifici, ricariche telefoniche, canone RAI, pagamento delle tasse.

Susan: Avrò anche bisogno di una carta di credito.

Impiegato: Le faremo sia la carta di credito, con addebito di tutte le sue spese il mese successivo, sia un bancomat, che le servirà per i prelievi. Per gli acquisti in negozio, però, con il bancomat l'addebito è immediato.

Susan: Va bene, vedremo tutte queste questioni quando il primo stipendio sarà accreditato. Per ora mi prepari tutti i documenti da firmare per domattina. Passerò verso le otto e trenta, prima di andare in ufficio. Sarete già aperti a quell'ora?

Impiegato: Certamente, apriamo alle otto tutte le mattine.

COMPRENDRE LE DIALOGUE
TRAMITE

C'est une préposition impropre qui indique l'intermédiaire d'un échange, **l'ho conosciuto tramite un collega**, *je l'ai connu par l'intermédiaire d'un collègue*. En tant que nom, **tramite** est justement l'intermédiaire : **Ha fatto da tramite tra la mia ditta e la tua**. *Il a servi de relais entre mon entreprise et la tienne*. Souvent cela se traduit simplement *par* : **tramite bonifico** *par virement*.

SCOMODARSI

L'adjectif **comodo** correspond à *confortable*, mais aussi à *pratique* ; **questa poltrona è davvero comoda** *ce fauteuil est vraiment confortable*, et **cerco un treno con un orario comodo per andare a Roma** *je cherche un train avec un horaire pratique pour aller à Rome*. Le contraire est **scomodo**, dans les deux sens : **c'è un treno alle sei del mattino, ma è un orario un po' scomodo** *il y a un train à six heures du matin, mais c'est un horaire pas très pratique*. Le verbe **scomodare**, dérivé de ce mot, veut dire *déranger*, et à la forme réfléchie *se déranger* : **si è scomodato venendo fin qui** *il s'est dérangé en venant jusqu'ici*.

LA PRÉPOSITION DA : LE SENS DE FINALITÉ

Parmi ses nombreux emplois, cette préposition est utilisée pour indiquer la finalité, la destination d'un objet ou d'une action, comme dans **i documenti da firmare** *les papiers à signer* (qu'il faut signer) ; **queste non sono cose da dire** *[celles-ci] ce ne sont pas des choses à dire*.

SE + FUTUR

La conjonction **se** (correspondant à *si*) peut précéder le futur en italien, quoique cela puisse paraître surprenant pour les Français ; c'est même une des manières de former la phrase hypothétique (voir Module n°27) : **se domani farà bello, andremo al mare** *si demain il fait beau, nous irons à la mer*.

NOTE CULTURELLE

Quelques petites explications pratiques pour vous orienter dans le monde bancaire italien. Comme la France, l'Italie est fortement bancarisée : les salaires sont virés sur les comptes des salariés, et *les factures* (**le bollette**) des consommations courantes sont réglées par virement, souvent par *virement automatique* (**bonifico automatico**). Ayant leur argent sur leur compte, les Italiens le prélèvent par une carte de retrait appelée **il bancomat** (mot invariable puisqu'il se termine par une consonne), avec laquelle ils peuvent également faire des achats dans les magasins, avec débit immédiat. Ils appellent **il bancomat** également *le guichet de retrait automatique*. **La carta di credito** *la carte de crédit* est moins diffusée, et elle est utilisée surtout pour les achats sur Internet. La plupart des banques italiennes ferment de nombreuses agences en ville parce que les opérations de guichet les plus courantes sont aujourd'hui effectuées par l'**home banking**, c'est-à-dire en ligne sur le portail de la banque.

▲ CONJUGAISON
LE FUTUR DE L'INDICATIF

Pour les trois groupes réguliers, il se forme en rajoutant au radical les suffixes **-er-** pour les verbes en **-are** et en **-ere**, et **-ir-** pour les verbes en **-ire**. À ces suffixes, on fait suivre les désinences suivantes, égales pour les trois groupes : **-ò, -ai, -à, -emo, -ete, -anno**. Voici le futur de trois verbes représentant les trois classes régulières :

	1er groupe en **-are**	2e groupe en **-ere**	3e groupe en **-ire**
	parlare	prendere	finire
1re pers. sing. (**io**)	parlerò	prenderò	finirò
2e pers. sing. (**tu**)	parlerai	prenderai	finirai
3e pers. sing. (**lui, lei**)	parlerà	prenderà	finirà
1re pers. plur. (**noi**)	parleremo	prenderemo	finiremo
2e pers. plur. (**voi**)	parlerete	prenderete	finirete
3e pers. plur. (**loro**)	parleranno	prenderanno	finiranno

LE FUTUR DES VERBES EN -CARE ET EN -GARE

De la même façon qu'au présent de l'indicatif, où les verbes en **-care** et en **-gare** prennent un **h** avant les désinences commençant par **-i** pour garder les sons [k] et [g], les mêmes verbes au futur prennent un **h** devant le suffixe **-er-**. Le futur du verbe **scaricare** *télécharger* est donc **scaricherò, scaricherai, scaricherà, scaricheremo, scaricherete, scaricheranno** ; celui du verbe **pagare** *payer* **pagherò, pagherai, pagherà, pagheremo, pagherete, pagheranno**.

LE FUTUR DES PRINCIPAUX VERBES IRRÉGULIERS

Les verbes irréguliers ont tous les désinences régulières normales ; ce qui fait leur irrégularité est le radical, qui reste le même pour toutes les personnes du singulier et du pluriel. Il faut donc apprendre les radicaux les plus utilisés. Les voici (seulement la première personne du singulier) :

andare – andrò ; dare – darò ; fare – farò ; stare – starò ; bere – berrò ; dovere – dovrò ; potere – potrò ; proporre – proporrò ; rimanere – rimarrò ; sapere – saprò ; tenere – terrò ; vedere – vedrò ; vivere – vivrò ; volere – vorrò ; venire – verrò.

● EXERCICES

1. COMPLÉTEZ AVEC LA FORME CORRECTE DU FUTUR.

a. Al nostro arrivo in Italia .... un conto bancario. (aprire)

b. Signora, domattina .... i documenti che ho preparato per lei? (firmare)

c. Questo negozio .... alle diciannove e trenta. (chiudere)

d. I miei genitori .... la settimana prossima. (arrivare)

2. COMPLÉTEZ AVEC LA FORME CORRECTE DU FUTUR (VERBES IRRÉGULIERS).

a. Se vieni da me, ... conoscere la mia famiglia. (potere)

b. Se posso, domattina .... a firmare quei documenti. (venire)

c. Per ricevere il vostro stipendio, ... aprire un conto bancario. (dovere)

d. Durante le nostre prossime vacanze, ... molte città italiane. (vedere)

3. TRADUISEZ LES PHRASES SUIVANTES.

a. Nous lui parlerons. → ....

b. Vous y irez. → ....

c. Vous le signerez, monsieur. → ....

d. Ils devront le faire. → ....

● VOCABULAIRE

accreditare *créditer*
l'acqua *l'eau*
gli acquisti *les achats* (**l'acquisto** *l'achat*)
l'addebito *le débit*
gli assegni *les chèques* (**l'assegno** *le chèque*)
la banca *la banque*
bastare *suffire*
le bollette *les factures* (**la bolletta** *la facture*)
il bonifico *le virement*
il canone *la redevance*
il cellulare *le portable (téléphone)*
il computer *l'ordinateur*
comunicare *communiquer*
i contanti *l'argent liquide*
il conto bancario *le compte bancaire*
il datore di lavoro *l'employeur*
direttamente *directement*
i documenti *les documents, les papiers (d'identité)*
domattina *demain matin*
domiciliare *faire créditer* (**il domicilio** *c'est le domicile, le verbe signifie donc "donner un domicile"*)
dunque *donc*
emettere *émettre, délivrer*
firmare *signer*
i fornitori *les fournisseurs* (**il fornitore** *le fournisseur*)
il gas *le gaz*
immediato *immédiat*
l'importo *le montant*
la luce *la lumière, l'électricité*
le operazioni *les opérations*
il pagamento *le paiement*
prelevare *retirer*
i prelievi *les retraits* (**il prelievo** *le retrait, la prise de sang*)
preparare *préparer*
le questioni *les questions (dans le sens de problème), différends* (**la questione** *la question*)
la ricarica telefonica *la recharge téléphonique (pour les cartes prépayées)*
le spese *les dépenses* (**la spesa** *la dépense/on a vu dans le module n° 11 que c'est aussi les courses*)
lo stipendio *le salaire*
successivo *suivant*
le tasse *les impôts* (**la tassa** *l'impôt*)
il telefono *le téléphone*
usare *utiliser*
versare *verser*
verso *vers*

4. ÉCOUTEZ L'ENREGISTREMENT ET COMPLÉTEZ LES PHRASES SUIVANTES.

a. Con il bancomat potrà .... contanti.

b. Venga domattina a .... i documenti che le ho preparato.

c. Ho appena ricevuto la .... della luce: è altissima!

14.
FAIRE UNE RÉCLAMATION (AU BUREAU DE POSTE)

FARE UN RECLAMO (ALL'UFFICIO POSTALE)

OBJECTIFS	NOTIONS
• FAIRE UNE RÉCLAMATION • ÉCLAIRCIR UN MALENTENDU • FÉLICITER QUELQU'UN POUR LA QUALITÉ DE SON SERVICE	• LES PRONOMS PERSONNELS « GROUPÉS » • FÉMININS PARTICULIERS • LE FUTUR IMMINENT

UNE LETTRE RECOMMANDÉE

Francesco : Bonjour, madame, je dois faire une réclamation.

Employée : Quel type de réclamation, pardon ?

Francesco : C'est pour un recommandé qui n'a jamais été remis au destinataire.

Employée : Mais excusez-moi, qui vous l'a dit, que c'était à ce guichet ?

Francesco : C'est votre collègue du guichet 12 qui me l'a dit. Pourquoi ? Ce n'est pas ici ?

Employée : Non, mais ça va, c'est moi qui m'en occupe [j'y pense moi]. Vous avez le reçu du recommandé ?

Francesco : Le voici [ici].

Employée : Donnez-le-moi, s'il vous plaît, comme ça je vérifie s'il y a eu un problème. (…) Non, je regrette, il n'est pas parmi le courrier non expédié. Remplissez, s'il vous plaît, ce formulaire, et j'espère que dans quelques jours nous pourrons vous donner une réponse.

Francesco : Merci beaucoup. Vu que vous êtes si gentille, je devrais faire aussi une autre opération. Je dois envoyer deux lettres à l'étranger. Pouvez-vous me les peser ?

Employée : Certainement ! Vous faites un recommandé ou nous les envoyons en courrier simple [ordinaire] ?

Francesco : Pour la première, je préfère un recommandé [Un c'est un recommandé] avec accusé de réception ; l'autre, envoyons-la tranquillement en courrier simple [ordinaire], ce n'est rien d'important.

Employée : Oui, mais je vous conseille d'écrire l'adresse de l'expéditeur sur l'enveloppe, on ne sait jamais…

Francesco : Je dois acheter les timbres et les y coller moi-même ?

Employée : Non, non, nous y mettons un cachet et ils partent tout de suite.

Francesco : Ah, j'allais oublier une chose très importante : je dois faire un mandat aussi. Je dois payer une contravention.

Employée : On va faire ça aussi.

Francesco : Vous êtes vraiment très gentille ! Je ne parlerai plus jamais mal des postes et des facteurs !

Employée : Bonne idée [Bravo], faites-nous un peu de bonne publicité, nous en avons besoin ! Ici ils nous en disent tous de toutes les couleurs !

UNA LETTERA RACCOMANDATA

Francesco: Buongiorno, signora, devo fare un reclamo.

Impiegata: Che tipo di reclamo, scusi?

Francesco: È per una raccomandata che non è mai stata recapitata al destinatario.

Impiegata: Ma chi gliel'ha detto, scusi, che era a questo sportello?

Francesco: Me l'ha detto la sua collega dello sportello dodici. Perché? Non è qui?

Impiegata: No, ma va bene, ci penso io. Ha la ricevuta della raccomandata?

Francesco: Eccola qui.

Impiegata: Me la dia, per favore, così verifico se c'è stato un problema. (…) No, mi dispiace, non è tra la posta non inoltrata. Per favore, compili questo modulo, e spero che tra qualche giorno potremo darle una risposta.

Francesco: Grazie mille. Visto che è così gentile, dovrei fare anche un'altra operazione. Devo spedire un paio di lettere all'estero. Me le può pesare?

Impiegata: Certo! Fa una raccomandata o le mandiamo in posta prioritaria?

Francesco: Una è una raccomandata con ricevuta di ritorno; l'altra mandiamola pure in posta ordinaria, non è nulla di importante.

Impiegata: Sì, però le consiglio di scrivere l'indirizzo del mittente sulla busta, non si sa mai…

Francesco: Devo comprare i francobolli e incollarceli io?

Impiegata: No no, ci mettiamo un timbro noi e partono subito.

Francesco: Ah, stavo per dimenticare una cosa importantissima: devo anche fare un vaglia. Devo pagare una multa...

Impiegata: Adesso facciamo anche questo.

Francesco: Lei è davvero gentilissima! Non parlerò mai più male delle poste e dei postini!

Impiegata: Bravo, ci faccia un po' di buona pubblicità, ne abbiamo bisogno! Qui ce ne dicono tutti di tutti i colori!

■ COMPRENDRE LE DIALOGUE
L'ADVERBE ECCO AVEC LES PRONOMS PERSONNELS

Les pronoms personnels compléments (formes faibles) s'attachent à l'adverbe ecco (*voici* ou *voilà*) et forment un seul mot avec lui : **eccola qui** *la voici*, **eccomi** *me voici*, **eccoti qui** *tu es là* [*te voilà ici*], etc.

C'È, CI SONO AU PASSÉ COMPOSÉ

Étant formées du pronom **ci** et du verbe **essere** à la 3e personne du singulier ou du pluriel, les expressions **c'è** et **ci sono** deviennent, au passé composé, **c'è stato** (**c'è stata** au féminin) et **ci sono stati** (**ci sono state** au féminin), puisque l'auxiliaire **essere** impose l'accord du participe passé. **C'è stato un problema** *il y a eu un problème* / **ci sono stati dei problemi** *il y a eu des problèmes* ; **c'è stata una festa** *il y a eu une fête* / **ci sono state delle feste** *il y a eu des fêtes*.

UN PAIO

On utilise souvent **un paio** pour dire *deux*, comme Francesco qui a deux lettres à poster, **un paio di lettere**. Cette formule est parfois utilisée pour exprimer génériquement une petite quantité ; **andiamo via un paio di giorni** *nous partons quelques jours*.

NOTE CULTURELLE

L'appellation **posta prioritaria**, née en 1998 pour garantir une livraison plus rapide (24 heures après le départ) par rapport au courrier ordinaire, a été conservée même après l'abolition de la **posta ordinaria** en 2006, ce qui fait que le courrier prioritaire est aujourd'hui… ordinaire ! Et les 24 heures de délai ne sont pas toujours respectées, vu le nombre de clients insatisfaits qui en disent **di tutti i colori** à la pauvre employée de notre dialogue…

◆ GRAMMAIRE
LES PRONOMS PERSONNELS GROUPÉS

• Le pronom personnel complément indirect précède toujours le complément d'objet direct, et le **-i** qui le termine devient **-e** : **mi dici questo** *tu me dis cela* ; **me lo dici** *tu me le dis*.
• La même transformation a lieu quand le deuxième pronom est **ne** : **mi dai** *tu me donnes* ; **me ne dai** *tu m'en donnes*.

• Quand le premier pronom est **gli**, il forme un seul mot avec le deuxième pronom et entre les deux il y a la lettre **-e-** : **glielo diciamo** *nous le lui disons*.
Cette forme est valable pour masculin et féminin au singulier et au pluriel, et aussi pour la personne de politesse. L'exemple précédent **glielo diciamo** peut donc signifier *nous le lui disons* (*à lui ou à elle*), *nous le leur disons* (*à eux ou à elles*), *nous vous le disons* (*madame ou monsieur*).
• La même morphologie est valable avec **ne** : **gliene diamo** *nous lui en donnons*, etc. et avec **ci** *y* : **Ce li incollo io?** *Je les y colle ?* **Devo incollarceli io?** *Je dois les y coller ?*
Pour simplifier les choses, voici un tableau récapitulatif des pronoms avec les « fusions » résultantes :

	Compléments directs (C.O.D.)				
Compléments indirects (C.O.I.)	lo	la	li	le	ne
mi	me lo	me la	me li	me le	me ne
ti	te lo	te la	te li	te le	te ne
gli, le	glielo	gliela	glieli	gliele	gliene
ci	ce lo	ce la	ce li	ce le	ce ne
vi	ve lo	ve la	ve li	ve le	ve ne
gli	glielo	gliela	glieli	gliele	gliene

Les règles d'accord du participe passé quand le complément d'objet direct précède le verbe restent valables (**ce li hai dati** *tu nous les as donnés* ; **ce le hai date** *tu nous les as données*), et sont appliquées également avec **ne** (qui peut sous-entendre un singulier ou un pluriel, un masculin ou un féminin) : **Ti abbiamo chiesto delle patate e ce ne hai date, ti abbiamo chiesto dei biscotti e non ce ne hai dati.** *Nous t'avons demandé des pommes de terre et tu nous en as donné, nous t'avons demandé des biscuits et tu ne nous en as pas donné.*

FÉMININS PARTICULIERS

Il existe des noms masculins singuliers en **-a** qui ne changent pas au féminin singulier : **il collega, la collega** *le/la collègue*. Parmi ces noms, les plus utilisés sont des noms de professions en **-ista**, comme **il/la giornalista** *le/la journaliste*, **il/la fisioterapista** *le/la kinésithérapeute*.

▲ CONJUGAISON
LE FUTUR IMMINENT

Nous avons vu dans le dialogue deux façons d'exprimer le futur imminent.
1. Le verbe **stare** + la préposition **per** + l'infinitif : **stavo per dimenticare** *j'allais oublier*. Cette expression correspond aussi à être sur le point de : **sto per perdere la pazienza** *je suis sur le point de perdre patience*.
2. Les adverbes **adesso** ou **ora** (*maintenant*) + le présent de l'indicatif : **Adesso facciamo anche questo** *Nous allons faire ça aussi*.

● EXERCICES

1. TRANSFORMEZ LES PHRASES SUIVANTES EN UTILISANT DES PRONOMS GROUPÉS, COMME DANS L'EXEMPLE.

Exemple : Leggo un libro a mio figlio. Glielo leggo.

a. Avete mandato un pacco a noi. → ....

b. Signora, chiedo a lei questa informazione. → ....

c. Parliamo a voi di questo problema. → ....

d. Verseranno lo stipendio agli impiegati. → ....

2. TOURNEZ AU FUTUR IMMINENT (FORME AVEC LE VERBE STARE) LES PHRASES SUIVANTES AU PRÉSENT OU À L'IMPARFAIT, SELON LES EXEMPLES.

Exemples : Partivo per la Francia. Stavo per partire per la Francia.

Prendo la macchina di tuo fratello. Sto per prendere la macchina di tuo fratello.

a. Faccio un lavoro difficile.
→ ....

b. Mi spieghi la tua situazione.
→ ....

c. Arrivavamo a casa sua.
→ ....

d. Vanno a lavorare.
→ ....

●VOCABULAIRE

la busta *l'enveloppe*
il/la collega *le/la collègue*
i colori *les couleurs (***il colore** *la couleur) (Attention, ce mot est masculin en italien)*
compilare *remplir (un formulaire)*
la cosa *la chose*
il destinatario *le destinataire*
dire di tutti i colori *en dire de toutes les couleurs*
l'estero *l'étranger*
i francobolli *les timbres (***il francobollo** *le timbre)*
incollare *coller*
inoltrare *expédier, envoyer, transmettre*
la lettera *la lettre*
il mittente *l'expéditeur*
il modulo *le formulaire*
la multa *la contravention, l'amende*
non si sa mai *on ne sait jamais*
nulla *rien*
l'operazione *l'opération*
ordinaria (ordinario) *ordinaire*
la posta (le poste) *la poste (les postes) et le courrier*
i postini *les facteurs (***il postino** *le facteur)*
la pubblicità *la publicité*
prioritaria (prioritario) *prioritaire*
la raccomandata *le courrier recommandé*
recapitare *remettre, porter (pour un courrier)*
il reclamo *la réclamation*
la ricevuta *le reçu*
la ricevuta di ritorno *l'accusé de réception (***il ritorno** *le retour)*
la risposta *la réponse*
spedire *expédier, envoyer*
lo sportello *le guichet*
il timbro *le cachet*
il tipo *le type*
il vaglia *le mandat postal*
verificare *vérifier*

3. TRADUISEZ LES PHRASES SUIVANTES.

a. Il ne me l'a pas dit.
→ ....

b. Vous les y mettez.
→ ....

c. Ils vous en ont parlé.
→ ....

d. Nous le leur achèterons.
→ ....

4. TOURNEZ AU PASSÉ COMPOSÉ LES PHRASES SUIVANTES AU PRÉSENT DE L'INDICATIF (ATTENTION À L'ACCORD DU PARTICIPE PASSÉ !).

a. Ce li danno. → ....

b. Ve le prendono. → ....

c. Glieli leggono. → ....

d. Me la comprano. → ....

15.
L'ENTRETIEN D'EMBAUCHE

IL COLLOQUIO DI LAVORO

OBJECTIFS

- PARLER DE SES EXPÉRIENCES PROFESSIONNELLES
- LES CARACTÉRISTIQUES D'UN POSTE DE TRAVAIL
- LE VOCABULAIRE DE BASE DE LA VIE D'ENTREPRISE

NOTIONS

- LA PLACE DES PRONOMS GROUPÉS AVEC L'IMPÉRATIF, L'INFINITIF ET LE GÉRONDIF
- LE FUTUR ANTÉRIEUR
- LE FUTUR « HYPOTHÉTIQUE »

UNE ENTREPRISE FAMILIALE

Monsieur Bandini : Bienvenue, mademoiselle, dans l'entreprise « Bandini S.A. », je suis vraiment heureux de vous recevoir.

Simona : Enchantée, monsieur [C'est mon plaisir, monsieur].

Monsieur Bandini : Nous avons lu votre C.V. avec beaucoup d'attention, et il nous a semblé tout à fait correspondant à notre recherche.

Simona : Cela me fait bien plaisir. Le profil du poste que vous offrez, je le trouve très intéressant aussi.

Monsieur Bandini : Vous n'habitez pas ici à Varese depuis longtemps, n'est-ce pas ?

Simona : Euh, cela doit faire trois ans que j'y habite. Avant j'étais à Mantoue.

Monsieur Bandini : Oui, c'est vrai, excusez-moi. En vous le disant, je me suis rendu compte que je disais une sottise. C'est écrit dans votre C.V. !

Simona : Oui, je travaillais dans un groupe très important, mais les entreprises trop grandes ne sont pas pour moi.

Monsieur Bandini : Alors la nôtre sera parfaite pour vous, nous sommes l'entreprise familiale classique, de longue date. Mon père a voulu me la confier quand il a pris sa retraite. Quand vous aurez vu comment on travaille ici, vous tomberez amoureuse de nous !

Simona : Et excusez-moi, quel salaire proposez-vous pour mon poste de comptable ?

Monsieur Bandini : Eh bien, à l'embauche nous proposons des salaires moyens, pas très élevés, qui pourront cependant évoluer avec la carrière.

Simona : Et comme horaires ?

Monsieur Bandini : Le bureau ouvre à huit heures et ferme à dix-huit heures, avec une pause déjeuner au milieu. Ici on pointe, donc l'important, c'est de faire vos quarante heures hebdomadaires… et le travail bien fait ! Nous tenons à avoir des horaires flexibles : un bout d'après-midi libre, ça arrange toujours. Les congés, par contre, chez nous, sont en août.

Simona : L'annonce dans le journal ne spécifiait pas si c'était un contrat à temps déterminé ou indéterminé. Oui, vous devez comprendre, monsieur, que la place fixe fait envie à tout le monde…

Monsieur Bandini : Au début bien sûr ce sera déterminé, mais quand vous aurez fait votre période d'essai, si nous sommes satisfaits de vous, vous passerez à temps indéterminé.

UN'AZIENDA FAMILIARE

Signor Bandini: Benvenuta, signorina, alla ditta "Bandini S.p.A.", sono davvero lieto di riceverla.

Simona: Il piacere è mio, dottore.

Signor Bandini: Abbiamo letto il suo curriculum vitae con molta attenzione, e ci è sembrato del tutto corrispondente alla nostra ricerca.

Simona: Mi fa molto piacere. Anche il profilo del posto che offrite, lo trovo molto interessante.

Signor Bandini: Lei non sta qui a Varese da molto, vero?

Simona: Beh, saranno tre anni che ci abito. Prima stavo a Mantova.

Signor Bandini: Sì, è vero, mi scusi. Dicendoglielo, mi sono reso conto che le dicevo una sciocchezza. È scritto nel suo curricolo!

Simona: Sì, lavoravo in un gruppo molto importante, ma le imprese troppo grandi non fanno per me.

Signor Bandini: Allora la nostra farà proprio al caso suo, noi siamo una classica azienda familiare di vecchia data. Mio padre ha voluto affidarmela quando è andato in pensione. Quando avrà visto come si lavora qui, si innamorerà di noi!

Simona: E scusi, che stipendio proponete per il mio posto di ragioniera?

Signor Bandini: Beh, all'assunzione proponiamo stipendi medi, non altissimi, che però potranno evolvere con la carriera.

Simona: E come orari?

Signor Bandini: L'ufficio apre alle otto e chiude alle diciotto, con una pausa pranzo in mezzo. Qui si timbra il cartellino, quindi l'importante è fare le sue quaranta ore settimanali... e il lavoro ben fatto! Teniamo ad avere orari flessibili: un pezzo di pomeriggio libero fa sempre comodo. Le ferie, invece, da noi sono in agosto.

Simona: L'annuncio sul giornale non specificava se era un contratto a tempo determinato o indeterminato. Lei capirà, dottore, che il posto fisso fa gola a tutti...

Signor Bandini: All'inizio naturalmente sarà determinato, ma quando avrà fatto il periodo di prova, se siamo soddisfatti di lei, passerà a tempo indeterminato.

COMPRENDRE LE DIALOGUE
LE LANGAGE « FORMEL »

Dans un entretien d'embauche, le langage tenu est bien sûr plus formel que d'habitude, dès la formule initiale : **sono lieto di riceverla** *je suis heureux de vous recevoir* (dans des présentations on pourra dire aussi **sono lieto** – **lieta** au féminin – **di conoscerla** *de vous connaître*), et la réponse est : **il piacere è mio**. Remarquez aussi l'appellation **dottore/dottoressa**, qu'en Italie on attribue à tout titulaire d'un diplôme universitaire, **la laurea** (bac + 3).

SPA

L'appellation **Società per Azioni** (*Société par Actions*) abrégé en **SpA** correspond à la *S.A., Société Anonyme* du système français.

QUELQUES EXPRESSIONS IDIOMATIQUES AVEC LE VERBE FARE

→ **Fare per** + pronom personnel, indique que quelque chose correspond aux envies, ou à la personnalité, de la personne, et aussi le contraire, à la forme négative : **questo lavoro non fa per me** *ce travail n'est pas pour moi*, au sens de *il ne me plaît pas*.

→ De même, **fare al caso** + possessif, signifie *correspondre* à ce que la personne cherche ou veut : **questo attrezzo fa al caso mio** *cet outil, c'est juste ce dont j'avais besoin (ce que je cherchais)*. **Fare comodo a qualcuno** *arranger* quelqu'un : **un po' di soldi prima delle vacanze fanno sempre comodo** *un peu d'argent avant les vacances arrange toujours* ; **dici questo solo perché ti fa comodo** *tu dis cela seulement parce que cela t'arrange*.

→ **Fare gola** *donner envie*.

TIMBRARE IL CARTELLINO

Timbrare il cartellino signifie "*pointer*", littéralement "*tamponner la carte*" (c'est ce qu'on faisait avant les cartes magnétiques).

NOTE CULTURELLE

Le chômage des jeunes est un des phénomènes les plus dramatiques de la société italienne : on calcule qu'à partir de 2010 le nombre de jeunes de moins de 30 ans sans travail a augmenté jusqu'à dépasser le million. Pire, le manque d'offres d'emploi a provoqué une chute de l'espoir d'intégration chez de nombreux jeunes, ce qui fait que près de 20 % n'étudient plus ni ne cherchent de travail. Cette situation concerne surtout les jeunes non diplomés du Sud du pays, mais les perspectives ne sont pas meilleures pour les titulaires d'une **laurea**, licenciés des universités, qui émigrent à l'étranger pour trouver non seulement un poste, mais surtout un salaire correspondant à leur niveau de formation : environ 13 000 **laureati** sont partis à l'étranger depuis 2013, et 82 000 tous niveaux de formations confondus.

◆ GRAMMAIRE
LA PLACE DES PRONOMS PERSONNELS GROUPÉS AVEC L'IMPÉRATIF, L'INFINITIF ET LE GÉRONDIF

Avec ces trois formes verbales, les pronoms personnels groupés, comme le font les formes faibles des pronoms personnels, s'attachent à la fin du verbe :

1. Impératif : **diglielo** *dis-le-lui*, **ditemelo** *dites-le-moi* (mais pas à la forme de politesse : **me lo dica** *dites-le-moi*)
Comme on l'avait vu avec les formes faibles, avec les impératifs monosyllabiques, on double la consonne initiale du pronom (sauf avec **gli**) : **dimmelo** *dis-le-moi*, **faccelo** *fais-le-nous*.

2. Infinitif (dans la contraction, le verbe perd sa dernière voyelle) : **ha voluto affidarmela** *il a voulu me la confier*.
Comme avec les autres pronoms, quand il y a, comme dans le cas ci-dessus, deux verbes – l'un conjugué, l'autre à l'infinitif – les pronoms personnels groupés peuvent aussi bien être placés avant le premier qu'attachés après le second : **ha voluto affidarmela** ou **me l'ha voluta affidare** ; **voglio parlargliene** ou **gliene voglio parlare** *je veux lui en parler*.

3. Gérondif : **dicendoglielo** *en vous le disant*.
La présence de cet « appendice » constitué par le pronom ne change pas l'accent tonique du verbe.
Dicendoglielo : l'accent tonique était sur le **e** de **dicendo** et il reste là.
Parlatemene *parlez-m'en* : même chose, on dit **parlate**, l'accent tonique restera sur le second **a**. **Andatevene** *Allez-vous-en*.

▲ CONJUGAISON
LE FUTUR ANTÉRIEUR

Comme en français, le futur antérieur est formé du futur du verbe auxiliaire suivi du participe passé du verbe conjugué : **Quando avrà visto come si lavora qui...**

Quand vous aurez vu comme on travaille ici…

Il est utilisé dans les mêmes cas, quand le fait exprimé se situe dans le futur mais antérieurement à un autre fait situé lui aussi dans le futur : **Quando avrò finito di lavorare, andrò al cinema.** *Quand j'aurai fini de travailler, j'irai au cinéma.*

LE FUTUR « HYPOTHÉTIQUE »

On utilise souvent le futur pour indiquer une probabilité, une incertitude ou même simplement une estimation : **Che ore saranno? – Saranno le tre.** *Quelle heure peut-il être ? – Il doit être trois heures.*

Si ce genre d'approximation se situe dans le passé, par exemple dans un récit, on utilise le futur antérieur : **A che ora sarà arrivato? – Non so, saranno state le tre.** *À quelle heure peut-il être arrivé ? – Je ne sais pas, il devait être trois heures.*

● EXERCICES

1. COMPLÉTEZ EN UTILISANT DES PRONOMS GROUPÉS, SELON L'EXEMPLE.

Exemple : Devi portare questo libro ai tuoi colleghi. Devi portarglielo.

a. Voglio parlare a te di questo problema. Voglio ....

b. Non possiamo chiedere questa informazione a voi. Non possiamo ....

c. Mi piace preparare questa specialità a te. Mi piace ....

d. Portate a noi quei documenti ....

2. TRANSFORMEZ LA PHRASE AVEC LE FUTUR « HYPOTHÉTIQUE », COMME DANS LES EXEMPLES.

Exemples : Forse sono le quattro. Saranno le quattro.

Forse erano le quattro. Saranno state le quattro.

a. A quest'ora forse dormono. → ....

b. Forse è gia arrivata a casa. → ....

c. Forse hai preso il raffreddore. → ....

d. Forse non parlano italiano. → ....

● VOCABULAIRE

affidare *confier*
altissimi *très élévés*
l'annuncio *l'annonce*
l'assunzione *l'embauche*
l'attenzione *l'attention*
l'azienda *l'entreprise*
ben fatto *bien fait*
la carriera *la carrière*
il cartellino *le badge*
il caso *le cas*
il contratto *le contrat*
corrispondente *correspondant*
il curricolo *le C.V. (forme italianisée du mot latin)*
il curriculum vitae *le C.V. (vitae est prononcé "vité")*
la data *la date*
determinato *determiné*
la ditta *l'entreprise*
evolvere *évoluer*
familiare *familial*
fare piacere *faire plaisir* (**il piacere** *le plaisir*)
le ferie *les congés*
fisso *fixe*
flessibili (flessibile) *flexibles, souples*
il giornale *le journal*
le imprese *les entreprises* (**l'impresa** *l'entreprise*)
indeterminato *indeterminé*
l'inizio *le début*
innamorarsi *tomber amoureux*
lieto *heureux*
medi *moyens* (**medio** *moyen*)
offrire *offrir*
il periodo di prova *la période d'essai* (**la prova** *l'essai*)
un pezzo *un bout, un morceau*
il posto *le poste*
il profilo *le profil*
la ragioniera/il ragioniere *la/le comptable*
rendersi conto *se rendre compte*
la ricerca *la recherche*
ricevere *recevoir*
sbagliarsi *se tromper*
la sciocchezza *la sottise*
sembrare *sembler*
settimanali *hebdomadaires*
soddisfatti *satisfaits* (**soddisfatto** *satisfait*)
specificare *spécifier*
vecchia *vieille* (**vecchio** *vieux*)

3. TRADUISEZ LES PHRASES SUIVANTES.

a. Dis-le-lui. → ....

b. Mettez-vous-le. → ....

c. En te le disant. → ....

d. Va-t'en. → ....

4. COMPLÉTEZ AVEC LE VERBE ENTRE PARENTHÈSES CONJUGUÉ AU FUTUR ANTÉRIEUR.

a. Ti racconterò tutto quando .... (tornare) dalle vacanze.

b. Apriremo un conto bancario quando .... (ricevere) il primo stipendio.

c. Vi inviteranno quando .... (trovare) un appartamento più grande.

d. Cercherete un lavoro quando .... (finire) l'università.

16. PARTICIPER À UNE RÉUNION DE TRAVAIL

PARTECIPARE A UNA RIUNIONE DI LAVORO

OBJECTIFS

- PARTICIPER À UNE CONVERSATION DE NATURE PROFESSIONNELLE
- LES NOMS DE QUELQUES ACTIVITÉS ÉCONOMIQUES
- LES NOMS DES DIFFÉRENTS RÔLES DANS UNE ENTREPRISE

NOTIONS

- LES PRONOMS RELATIFS
- LA FORME PASSIVE
- LA FORME IMPERSONNELLE AVEC SI

LE CONSEIL D'ADMINISTRATION

Madame Luchetti : M. Volpi, vous savez, n'est-ce pas, que cet après-midi il y a la réunion du conseil d'administration où l'on approuvera le budget ? En tant que [Comme] nouveau responsable du secteur des ventes, vous êtes tenu d'y [à y] participer. Le P.-D.G. illustrera la stratégie commerciale qui devra être suivie dans les prochains mois.

Monsieur Volpi : Bien sûr, madame, je l'avais déjà marqué dans mon agenda.

Madame Luchetti : Les nouveaux produits à lancer sur le marché dans la prochaine saison, les électroménagers dont je vous ai parlé hier, seront aussi présentés. Cette présentation du nouveau catalogue est faite chaque année en mai, pour le lancement en octobre, même si certaines années elle a été faite plus tard.

Monsieur Volpi : Combien serons-nous à la réunion ?

Madame Luchetti : Il y aura certainement M. Sani, le P.-D.G., le président, le vice-président et le directeur général, ensuite les différents conseillers, et les cadres responsables des secteurs des achats, du personnel, des communications et des médias, et bien sûr vous pour le secteur des ventes. Je vous conseille de lire le procès-verbal de la réunion précédente, beaucoup de questions dont on a parlé dans celle-là seront reprises demain.

Monsieur Volpi : Vous souvenez-vous de quels sujets on a discuté ?

Madame Luchetti : Euh, on a discuté de beaucoup de choses, je ne me souviens pas exactement maintenant : on doit avoir parlé de marketing, de rentabilité des filiales, de chiffre d'affaires… les mêmes choses que d'habitude !

Monsieur Volpi : Le problème duquel vous m'avez parlé la semaine dernière, la fusion avec « Eurodomestici », sera abordé aussi ?

Madame Luchetti : Je n'en ai pas la moindre idée, rien ne m'a été dit à ce propos.

Monsieur Volpi : Vous ne me semblez pas très intéressée à la vie de l'entreprise, ou je me trompe ?

Madame Luchetti : C'est tout à fait ça !

18 — IL CONSIGLIO DI AMMINISTRAZIONE

Signora Luchetti: Signor Volpi, sa, vero, che oggi pomeriggio c'è la riunione del consiglio di amministrazione in cui si approverà il bilancio? Come nuovo responsabile del settore vendite, lei è tenuto a parteciparvi. L'amministratore delegato illustrerà la strategia commerciale che andrà seguita nei prossimi mesi.

Signor Volpi: Certamente, dottoressa, l'avevo già segnato in agenda.

Signora Luchetti: Saranno anche presentati i nuovi prodotti da lanciare sul mercato nella prossima stagione, gli elettrodomestici di cui le ho parlato ieri. Questa presentazione del nuovo catalogo viene fatta ogni anno in maggio, per il lancio in ottobre, anche se certi anni si è fatta più tardi.

Signor Volpi: In quanti saremo alla riunione?

Signora Luchetti: Di sicuro ci saranno il dottor Sani, l'amministratore delegato, il presidente, il vice-presidente e il direttore generale, poi i diversi consiglieri, e i dirigenti responsabili dei settori acquisti, personale, comunicazioni e media, e naturalmente lei per il settore vendite. Le consiglio di leggere il verbale della riunione precedente, molte questioni di cui si è parlato in quella saranno riprese domani.

Signor Volpi: Si ricorda quali argomenti si sono discussi?

Signora Luchetti: Mah, si sono discusse molte cose, ora non mi ricordo di preciso: si sarà parlato di marketing, di redditività delle filiali, di fatturato... le solite cose!

Signor Volpi: Sarà affrontato anche il problema del quale mi ha parlato la settimana scorsa, la fusione con l'"Eurodomestici"?

Signora Luchetti: Non ne ho la minima idea, non è stato detto niente a questo proposito.

Signor Volpi: Lei non sembra molto interessata alla vita aziendale, o mi sbaglio?

Signora Luchetti: Proprio così!

■ COMPRENDRE LE DIALOGUE
VI À LA PLACE DE CI

On peut parfois remplacer le pronom **ci** y, par **vi** : **parteciparvi** y participer. On peut également dire **vi sono** à la place de **ci sono** il y a, quoique l'utilisation de **ci** soit plus fréquente.

◆ GRAMMAIRE
LES PRONOMS RELATIFS

Il existe, pour ces pronoms, deux formes, l'une courte, plus usuelle, et une longue, assez rare.

	FORME COURTE	FORME LONGUE
Sujet et C.O.D.	che	**il quale** (masc. sing.)
Autres compléments	**cui** (précédé d'une préposition)	**la quale** (fém. sing.)
		i quali (masc. plur.)
		le quali (fém. plur.)*

* Forme valable pour tous les cas, éventuellement précédée d'une préposition qui fusionne avec l'article en formant un article contracté.

La persona che parla. *La personne qui parle.*
La persona che vedi. *La personne que tu vois.*
La persona a cui abbiamo parlato. *La personne à qui nous avons parlé.*
La persona per cui sono venuto. *La personne pour laquelle je suis venu.*
La persona con cui siamo venuti. *La personne avec laquelle nous sommes venus.*
La persona di cui ti abbiamo parlato. *La personne dont nous t'avons parlé.*

La forme longue, même si elle est assez rare, est surtout utilisée à l'écrit. Elle peut toujours remplacer la forme courte, surtout dans les autres compléments. Les phrases ci-dessus peuvent donc être :
La persona alla quale abbiamo parlato.
La persona per la quale sono venuto.
La persona con la quale siamo venuti.
La persona della quale ti abbiamo parlato.

▲ CONJUGAISON
LA FORME PASSIVE

• La forme passive est formée du verbe auxiliaire **essere** avec le participe passé du verbe qui exprime l'action passive, aux temps simples :
Il bilancio è approvato *Le bilan est approuvé* (présent de **essere** + participe passé de **approvare** : forme passive au présent)
Il bilancio sarà approvato *Le bilan sera approuvé* (futur de **essere** + participe passé de **approvare** : forme passive au futur simple)
• Il en est de même aux temps composés :
Il bilancio è stato approvato *Le bilan a été approuvé* (passé composé de **essere** + participe passé de **approvare** : forme passive au passé composé)
Il bilancio sarà stato approvato *Le bilan aura été approuvé* (futur antérieur de **essere** + participe passé de **approvare** : forme passive au futur antérieur)
• Comme en français, le participe passé est toujours accordé avec le sujet :
La direttiva è stata approvata *La directive a été approuvée*
• Le complément d'agent est introduit par la préposition **da** éventuellement contractée si elle est suivie d'un article : **Il bilancio è stato approvato dal consiglio d'amministrazione** *Le bilan a été approuvé par le conseil d'administration*

VARIANTES DE LA FORME PASSIVE

1. À la place du verbe **essere** on peut utiliser le verbe **venire**, mais seulement dans les temps simples : **La presentazione del nuovo catalogo viene fatta in maggio.** *La présentation du nouveau catalogue est faite en mai.*
Avec les temps composés, on revient à **essere** : **La presentazione del nuovo catalogo è stata fatta in maggio.** *La présentation du nouveau catalogue a été faite en mai.*
2. On peut également utiliser le verbe **andare** quand il y a un sens d'obligation :
La presentazione del nuovo catalogo va fatta in maggio. *La présentation du nouveau catalogue doit être faite en mai.*
La presentazione del nuovo catalogo andava fatta in maggio. *La présentation du nouveau catalogue devait être faite en mai.*

LA FORME IMPERSONNELLE AVEC SI

Nous avons déjà vu des phrases impersonnelles où **si** suivi d'un verbe à la troisième personne du singulier correspond à *on* français : **Si fa la presentazione del nuovo catalogo.** *On fait la présentation du nouveau catalogue.*

En réalité, on considère cette forme comme une autre variante da la forme passive, et la phrase précédente correspondrait ainsi à : **È fatta** (ou **Viene fatta) la presentazione del nuovo catalogo.**

C'est pour cela que dans les temps composés, le verbe auxiliaire est toujours **essere**, et le participe passé, à la différence du français, s'accorde avec ce qui semble être le C.O.D., mais qui est réalité le sujet de la phrase passive, ici **la presentazione** : **Si è fatta la presentazione.** *On a fait la présentation.*

Un autre exemple issu du dialogue précédent :
Quali argomenti si sono discussi? *De quels sujets on a discuté ?* (**discussi** est accordé avec **argomenti**, masculin pluriel)
Si sono discusse molte cose. *On a discuté de beaucoup de choses.* (**discusse** est accordé avec **cose**, féminin pluriel)
Quand **si** impersonnel se trouve devant **si** pronom personnel réfléchi, il devient **ci** : **Ci si alza presto.** *On se lève tôt.*
Quand **si** impersonnel se trouve devant **ne** pronom partitif (correspondant à *en* français), il devient **se** : **Se ne parla molto.** *On en parle beaucoup.*

⬢ EXERCICES

1. À PARTIR DE DEUX PROPOSITIONS, FORMEZ UNE SEULE PHRASE AVEC UN PRONOM RELATIF, COMME DANS L'EXEMPLE.

Exemple : Ecco la persona – ti ho parlato di questa persona. → Ecco la persona di cui ti ho parlato.

a. Ti spiego il problema – sono venuto per questo problema.

→ ....

b. Ti ho portato il libro – mi avevi prestato questo libro.

→ ....

c. Voglio vedere il lavoro – mi avete tanto parlato di questo lavoro.

→ ....

●VOCABULAIRE

affrontare *aborder*
l'agenda *l'agenda (Attention, féminin en italien)*
l'amministratore *l'administrateur*
l'amministrazione *l'administration*
approvare *approuver*
gli argomenti *les sujet, les arguments (***l'argomento** *le sujet)*
il bilancio *le bilan et le budget*
il catalogo *le catalogue*
commerciale *commercial(e)*
i consiglieri *les conseillers (***il consigliere** *le conseiller)*
il consiglio *le conseil*
delegato *délégué*
il direttore generale *le directeur général*
i dirigenti *les dirigeants (***il dirigente** *le dirigeant)*
discutere *discuter*
gli elettrodomestici *les électroménagers (***l'elettrodomestico** *l'électroménager)*
il fatturato *le chiffre d'affaires*
le filiali *les filiales (***la filiale** *la filiale)*
la fusione *la fusion*
l'idea *l'idée*
illustrare *illustrer*
lanciare *lancer*
il lancio *le lancement*
il mercato *le marché*
minima/minimo *moindre*
partecipare *participer*
precedente *précédent*
presentare *présenter*
la presentazione *la présentation*
il proposito *le propos*
la redditività *la rentabilité*
il responsabile *le responsable*
responsabili *responsables*
ricordarsi *se souvenir*
riprendere *reprendre*
la riunione *la réunion*
segnare *marquer*
seguire *suivre*
il settore *le secteur*
solite *habituelles (***solito** *habituel)*
la stagione *la saison*
la strategia *la stratégie*
le vendite *les ventes (***la vendita** *la vente)*
il verbale *le procès-verbal*
il (vice-)presidente *le (vice-)président*

2. TRANSFORMEZ LA PHRASE ACTIVE EN PASSIVE, COMME DANS L'EXEMPLE.

Exemple : Accompagno mio figlio a scuola. → Mio figlio è accompagnato a scuola da me.

a. Turisti francesi hanno affittato la mia casa in montagna.

→ ....

b. Molti parlano l'inglese.

→ ....

c. Turisti di tutto il mondo visitano Roma.

→ ....

3. TRADUISEZ CES PHRASES.

a. Ce travail doit être fait.
→ ....

b. On n'en avait pas parlé.
→ ....

c. On dort peu.
→ ....

d. C'est une ville à voir.
→ ....

4. COMPLÉTEZ À L'AIDE DU PASSÉ COMPOSÉ À LA FORME PASSIVE DU VERBE ENTRE PARENTHÈSES, COMME DANS L'EXEMPLE.

Exemple : Il bilancio .... (approvare) dal consiglio d'amministrazione.
→ Il bilancio è stato approvato dal consiglio d'amministrazione.

a. La recensione al mio libro .... (scrivere) da un famoso giornalista.

b. La mia ditta .... (fondare) da mio nonno.

c. Quando è uscito, quel film non .... (capire) da nessuno.

17. AU TÉLÉPHONE

AL TELEFONO

OBJECTIFS

- LES DIFFÉRENTES FORMULES CONVENTIONNELLES D'UNE CONVERSATION TÉLÉPHONIQUE
- POSER DES QUESTIONS SUR LES ACTIVITÉS DE SON INTERLOCUTEUR
- RÉSOUDRE UN MALENTENDU
- PRENDRE DES ACCORDS

NOTIONS

- LES PRONOMS ET ADJECTIFS INTERROGATIFS
- LES PRONOMS ET ADJECTIFS EXCLAMATIFS
- L'EXPRESSION DE L'OBLIGATION ET DE LA NÉCESSITÉ (« IL FAUT »)

ÉCHANGE D'HORAIRES DE TRAVAIL

Paola : Allô, qui est à l'appareil ?

Luca : Salut, c'est Luca.

Paola : Excusez-moi, je ne vous entends pas bien. Parlez plus fort !

Luca : Luca, Luca Medi, tu ne me reconnais pas ? Nous travaillons ensemble au bureau de poste !

Paola : Ah oui ! Excuse-moi, Luca, je ne t'avais pas reconnu. J'ai un vieux téléphone qui ne marche pas très bien, et parfois ça coupe. Tu m'appelais pour quoi ? Ça fait un moment que [C'est un morceau que] nous ne nous sommes pas vus [que nous nous voyons pas] !

Luca : Eh oui, j'ai changé d'horaires il y a un mois ; cette semaine, pas exemple, je suis de l'après-midi, et toi tu travailles le matin, n'est-ce pas ?

Paola : Oui, mais comment ça se fait que tu aies changé d'horaires ?

Luca : J'ai été un peu obligé.

Paola : Quoi ? Ce n'est pas possible ! Il faut protester, il ne faut pas tout accepter [accepter tout] ! Il faut un peu plus de courage !

Luca : Non, mais qu'est-ce que tu as compris ? Personne ne m'a obligé, c'était seulement une façon de parler [dire] ! C'est à cause de mes entraînements de basket, qu'ils ont changé mes horaires.

Paola : Zut, quel malentendu ! Mais toi, tu joues au basket ? Depuis combien de temps ?

Luca : Depuis que je suis [j'étais] petit.

Paola : Et combien d'entraînements tu fais par semaine ?

Luca : Trois entraînements plus le match le samedi ou le dimanche.

Paola : Quel engagement ! Et le nombre d'heures que [combien d'heures] tu dois y consacrer, mon Dieu !

Luca : Que veux-tu, c'est ma passion !

Paola : Tu dois être très bon alors !

Luca : Eh bien, je me débrouille, mais malheureusement je n'ai pas réussi à devenir un [joueur] professionnel. Il faut de l'entraînement, de l'assiduité, et surtout beaucoup de chance !

Paola : Oui, ensuite il faut peut-être avoir aussi des dons naturels… Excuse-moi (beaucoup), mais je ne peux pas rester au téléphone longtemps parce que je dois passer [faire] un coup de fil important dans peu de temps. Éventuellement je raccroche et je te rappelle dans un moment [dans un peu].

Luca : Non, non, j'attends un appel aussi, donc je ne peux pas laisser le téléphone occupé longtemps. Je voulais simplement te demander si tu peux faire un échange d'horaires de travail avec moi lundi, j'ai besoin de l'après-midi pour aller à l'entraînement.

Paola : Ah oui, d'accord, il n'y a aucun problème : mais il faut le dire tout de suite au chef.

Luca : Non, ce n'est pas la peine de le lui dire tout de suite, je m'occupe de lui envoyer [c'est moi qui lui envoie] un e-mail. Merci beaucoup !

19 **SCAMBIO DI TURNO**

Paola: Pronto, chi parla?

Luca: Ciao, sono Luca.

Paola: Scusi, non la sento bene. Parli più forte!

Luca: Luca, Luca Medi, non mi riconosci? Lavoriamo insieme all'ufficio postale!

Paola: Ah sì! Scusa, Luca, non ti avevo riconosciuto. Ho un vecchio telefono che non funziona tanto bene, ed ogni tanto cade la linea. Per che cosa mi chiamavi? È un pezzo che non ci vediamo!

Luca: Eh sì, ho cambiato turno un mese fa; questa settimana per esempio io faccio il pomeriggio, e tu lavori di mattina, vero?

Paola: Sì, ma come mai hai cambiato turno?

Luca: Sono stato un po' obbligato.

Paola: Cosa? Non è possibile! Bisogna protestare, non bisogna accettare tutto! Ci vuole un po' più di coraggio!

Luca: No, ma che hai capito? Nessuno mi ha obbligato, era solo un modo di dire! È per via dei miei allenamenti di pallacanestro che hanno cambiato orario.

Paola: Accidenti, che malinteso! Ma tu giochi a pallacanestro? Da quanto tempo?

Luca: Da quando ero piccolo.

Paola: E quanti allenamenti fai alla settimana?

Luca: Tre allenamenti più la partita al sabato o alla domenica.

Paola: Che impegno! E quante ore devi dedicarci, mamma mia!

Luca: Che cosa vuoi, è la mia passione!

Paola: Sarai bravissimo allora!

Luca: Beh, me la cavo, ma purtroppo non sono riuscito a diventare professionista. Ci vogliono allenamento, costanza, e soprattutto tanta fortuna!

Paola: Sì, poi magari bisogna avere anche delle doti naturali… Scusami tanto, ma non posso stare al telefono a lungo perché devo fare una telefonata importante fra poco. Magari riattacco e ti richiamo fra un po'.

Luca: No, no, anch'io aspetto una chiamata, per cui non posso lasciare il telefono occupato a lungo. Volevo semplicemente chiederti se puoi fare uno scambio di turno con me lunedì, ho bisogno del pomeriggio per andare all'allenamento.

Paola: Ah sì, va bene, non c'è nessun problema, ma bisogna dirlo subito al principale.

Luca: No, non importa dirglielo subito, gli mando io una mail. Grazie mille!

COMPRENDRE LE DIALOGUE
LES FORMULES DE LA CONVERSATION TÉLÉPHONIQUE

La personne qui est appelée dit **pronto** en décrochant, ce qui signifie, au pied de la lettre, *prêt*. Parfois, on dit : **pronto, chi parla?** *âllo, qui parle ?* La personne qui appelle répond : **Sono** *Je suis…* et décline son identité. **Sono Carlo, sono il signor Rossi, sono io** *c'est moi*. Raccrocher, c'est **riattaccare** ou plus familièrement **mettere giù**, littéralement *mettre en bas*. Quand cela coupe, et que la communication est interrompue, on dit que **cade la linea** *la ligne tombe* : **Scusa, non ti sentivo più, è caduta la linea.** *Excuse-moi, je ne t'entendais plus, ça a coupé.*

LOCUTIONS INTERROGATIVES ET LEURS RÉPONSES

Come mai? est une locution adverbiale équivalant à **perché?** *pourquoi ?*, comme d'ailleurs **per che cosa?** La réponse est toujours **perché…** *parce que*, donc la même formule dans la question et dans la réponse.
Remarquez aussi, pour répondre en expliquant une cause, **per via di**, qui signifie, en général, *à cause de*. **Perché hai cambiato turno? – È per via dei miei allenamenti.** *Pourquoi as-tu changé d'horaires de travail ? – C'est à cause de mes entraînements.*

LA PRÉPOSITION A DANS LES EXPRESSIONS DE DISTRIBUTION DANS LE TEMPS

Tre allenamenti alla settimana, *trois entraînements par semaine*. La préposition **a** est utilisée souvent dans ce sens, quand on indique la fréquence temporelle d'une action. **Mangio tre volte al giorno.** *Je mange trois fois par jour.* **Andiamo a Milano una volta al mese.** *Nous allons à Milan une fois par mois.*

CAVARSELA

Me la cavo, littéralement *Je me l'enlève* (du verbe **cavare** *enlever*), est utilisé pour dire *je me débrouille*.

NOTE CULTURELLE

Le téléphone portable est extrêmement répandu en Italie, et le nombre d'appareils portables est supérieur au nombre d'habitants ! Dans une famille il y a en moyenne au moins autant de téléphones que de membres, et c'est le réseau téléphonique mobile qui engendre le plus de communications sur Internet.

◆ GRAMMAIRE
LES PRONOMS ET ADJECTIFS INTERROGATIFS

Ils expriment l'objet d'une question et ont la même forme en tant qu'adjectifs (ils sont alors suivis d'un nom) et en tant que pronoms.

• **Che** est invariable :
Che città italiane hai visitato? *Quelles villes italiennes as-tu visitées ?*
Che vuoi? *Que veux-tu ?*
Accompagné du nom **cosa**, il forme une locution qui a valeur de pronom neutre :
Che cosa vuoi? *Qu'est-ce que tu veux ?*

• **Quale** (pour masculin et au féminin singulier, **quali** pour masculin et féminin pluriel) est équivalent à **che**, mais il s'accorde en genre et en nombre :
Quali città italiane hai visitato? *Quelles villes italiennes as-tu visitées ?*

• **Quanto** (masc. sing.), **quanta** (fém. sing.), **quanti** (masc. plur.), **quante** (fém. plur.) signifie *combien* :
Quanti allenamenti fai alla settimana? En tant que pronom neutre non accompagné d'un nom : **Quanto costano questi occhiali?** *Combien coûtent ces lunettes ?*

• **Chi** est seulement un pronom, et indique toujours une personne :
Pronto, chi parla? *Allô, qui parle ?*

• Tous ces pronoms et adjectifs peuvent, selon le sens de la phrase, être introduits par une préposition :
In che città abita? *Dans quelle ville habitez-vous ?*
Con chi sei venuto? *Avec qui es-tu venu ?*
Da quante persone è composta la tua famiglia? *De combien de personnes est composée ta famille ?*

LES PRONOMS ET ADJECTIFS EXCLAMATIFS

Les mêmes formes, aussi bien comme adjectifs que comme pronoms, peuvent être utilisées dans des phrases exclamatives :
Che malinteso! Quante ore devi dedicarci! Questo cappello costa trecento euro. – Quanto! *Ce chapeau coûte trois cents euros. – Quel prix !*, littéralement *Combien !*

▲ CONJUGAISON
L'EXPRESSION DE L'OBLIGATION ET DE LA NÉCESSITÉ (« IL FAUT »)

Deux verbes sont utilisés pour cette fonction :
• **Bisognare**, verbe régulier impersonnel toujours à la 3ᵉ personne du singulier, toujours suivi d'un autre verbe :
Bisogna avere anche delle doti naturali. *Il faut avoir aussi des dons naturels.*

• **Volere** précédé de **ci** : **ci vuole** + nom au singulier ou **ci vogliono** + nom au pluriel :
Ci vogliono allenamento, costanza (…). *Il faut de l'entraînement, de l'assiduité (…).*
Ci vuole un po' più di coraggio. *Il faut un peu plus de courage.*

• Bien sûr, les verbes changent selon le temps où l'action a lieu (le verbe **volere** se conjugue avec l'auxiliaire **essere**) :
Ci è voluto molto coraggio. *Il a fallu beaucoup de courage.*
Ci voleva molto coraggio. *Il fallait beaucoup de courage.*
Bisognerà lavorare molto. *Il faudra travailler beaucoup.*

• Remarquez dans le dialogue qu'une manière d'exprimer la négation de ces deux formules est **non importa** : à la phrase **bisogna dirlo subito al principale** *il faut le dire tout de suite au chef*, Luca répond **non importa dirglielo subito** *ce n'est pas la peine de le lui dire tout de suite.*

⬢ EXERCICES

1. À PARTIR DE LA RÉPONSE, FORMULEZ LA QUESTION EN UTILISANT LES PRONOMS OU LES ADJECTIFS INTERROGATIFS, PUIS ÉCOUTEZ L'ENREGISTREMENT.

Exemple : Questa camicia costa quaranta euro.
→ Quanto costa questa camicia?

a. L'autobus arriva alle dodici e un quarto.

→ ....

b. Vogliamo mangiare la pizza.

→ ....

c. Le mie città preferite sono Siena e Firenze.

→ ....

●VOCABULAIRE

accettare *accepter*
accidenti! *zut !, la vache !*
l'allenamento *l'entraînement* (**gli allenamenti**, *les entraînements*)
cadere *tomber*
cambiare *changer*
cavarsela *se débrouiller*
chiamare *appeler*
la chiamata *l'appel*
il coraggio *le courage*
la costanza *l'assiduité*
dedicare *consacrer, dédier*
le doti *les dons* (**la dote** *le don*)
forte *fort*
la fortuna *la chance*
funzionare *fonctionner/marcher*
giocare *jouer*
l'impegno *l'engagement*
importante *important(e)*
lasciare *laisser*
la linea *la ligne*
il malinteso *le malentendu*
mandare *envoyer*
il modo *la façon*
naturali *naturels/naturelles*
  (**naturale** *naturel/naturelle*)
obbligare *obliger*
occupato *occupé*
la pallacanestro *le basket-ball*
la partita *le match*
la passione *la passion*
il pezzo *le morceau*
possibile *possible*
il principale *le chef (de service)*
il professionista *le professionnel*
protestare *protester*
riconoscere *reconnaître*
riuscire *réussir*
lo scambio *l'échange*
sentire *entendre, sentir*
la telefonata *le coup de fil*
il turno *l'horaire de service*
l'ufficio postale *le bureau de poste*
vedersi *se voir*

2. TRANSFORMEZ L'EXPRESSION AVEC LE VERBE BISOGNARE EN UNE EXPRESSION ÉQUIVALENTE AVEC LE VERBE VOLERE, COMME DANS L'EXEMPLE.

Exemple : Per entrare, bisogna avere diciotto anni. → Per entrare, ci v<u>o</u>gliono diciotto anni.

a. Per fare questo lavoro, bisogna avere la macchina.

→ ....

b. Bisognerà avere molte ore.

→ ....

c. Con quel freddo, bisognava avere il maglione.

→ ....

3. TRADUISEZ LES PHRASES SUIVANTES.

a. Il faut des chaussures. → ....

b. Il faudra un an. → ....

c. Avec combien d'amis vous venez ? → ....

d. Quelle belle ville ! → ....

4. ÉCOUTEZ L'ENREGISTREMENT ET COMPLÉTEZ LE DIALOGUE.

19

a. – .... chi parla?

b. – Ciao, ... Carlo.

c. – Non posso stare al telefono a lungo, aspetto una .... importante.

d. – Se vuoi .... e ti richiamo più tardi.

18. INFORMATIQUE ET INTERNET

INFORMATICA E INTERNET

OBJECTIFS

- ACQUÉRIR LE VOCABULAIRE DE BASE DE L'INFORMATIQUE ET D'INTERNET
- DEMANDER ET RECEVOIR DES EXPLICATIONS TECHNIQUES
- LES RELATIONS PAR E-MAIL AVEC UN INTERLOCUTEUR COMMERCIAL

NOTIONS

- LES PRONOMS DÉMONSTRATIFS ET RELATIFS « COUPLÉS »
- CHI RELATIF ET CHI INTERROGATIF
- LE CONDITIONNEL PRÉSENT

DES CONSEILS SUR LE NOUVEL ORDINATEUR

Madame Magri : Bonjour, je voudrais quelques informations sur l'ordinateur que je viens d'acheter.

Vendeur : Bien sûr, madame, quelles informations désireriez-vous ?

Madame Magri : Veuillez me comprendre [portez patience], moi, en informatique, je n'y comprends rien.

Vendeur : Ne vous inquiétez [préoccupez] pas, madame. Un expert en informatique ne viendrait pas ici : il n'aurait rien à apprendre d'un vendeur d'un magasin parce qu'il saurait déjà tout, vous ne croyez pas ?

Madame Magri : Disons que j'aimerais être un peu moins maladroite quand j'utilise l'ordinateur, voilà. Par exemple, mon fils m'a fait acheter une souris sans fil, mais je n'arrive pas à l'utiliser parce que d'abord elle doit être installée, et je n'ai pas le CD d'installation.

Vendeur : Mais excusez-moi madame, qui vous a dit qu'elle doit être installée ?

Madame Magri : C'est justement mon fils qui me l'a dit, lui qui s'y connaît assez… peut-être !

Vendeur : Faites attention, parce que ceux qui donnent des conseils ne sont pas toujours vraiment des experts, avec tout le respect (que je dois) à votre fils. Bref, si vous avez besoin, venez ici chez nous et nous vous expliquerons tout.

Madame Magri : Oui, mais je ne peux pas venir jusqu'ici chaque fois que j'ai un problème : je serais toujours ici !

Vendeur : Mais nous, on aimerait bien [ça nous ferait plaisir de] vous voir, nous sommes ici exprès [pour cela] ! Mais si vous ne voulez pas vous déranger, sur notre site Internet, dans le menu, il y a la rubrique [entrée] « assistance en ligne » : vous cliquez dessus et une fenêtre s'ouvre où vous pouvez écrire toutes vos questions. C'est pratique, n'est-ce pas ?

Madame Magri : Oui, tout cela paraîtrait très facile, du moins en apparence [au moins à mots]…

Vendeur : Tous ceux qui l'ont fait ont été très contents. Pour revenir à votre souris, il n'y a presque jamais un CD joint, l'ordinateur se connecte automatiquement. En tout cas, l'installation de beaucoup de programmes se fait désormais en ligne. Il serait impossible de faire autrement, puisqu'aujourd'hui les petits ordinateurs portables et les tablettes n'ont plus de lecteur de CD.

Madame Magri : Le mien a tout ! Je l'ai payé plutôt cher, pour être sûre d'avoir un appareil qui fonctionne…

Vendeur : Et vous avez bien fait, madame ! Comme dit le proverbe, « celui qui dépense plus, dépense moins » !

20 CONSIGLI SUL NUOVO COMPUTER

Signora Magri: Buongiorno, vorrei alcune informazioni sul computer che ho appena comprato.

Commesso: Certo signora, che informazioni desidererebbe?

Signora Magri: Porti pazienza, sa, io di informatica non ci capisco niente.

Commesso: Non si preoccupi, signora. Un esperto in informatica non verrebbe mica qui: non avrebbe niente da imparare da un commesso di negozio perché saprebbe già tutto, non crede?

Signora Magri: Diciamo che mi piacerebbe essere un po' meno maldestra quando uso il PC, ecco. Per esempio, mio figlio mi ha fatto comprare un mouse wireless, ma non riesco a usarlo perché prima deve essere installato, e non ho il CD di installazione.

Commesso: Ma scusi, chi le ha detto che deve essere installato?

Signora Magri: Me l'ha detto proprio mio figlio, che se ne intende abbastanza… forse!

Commesso: Faccia attenzione, perché non sempre chi dà consigli è veramente esperto, con tutto il rispetto per suo figlio. Insomma, se ha bisogno venga qui da noi e le spiegheremo tutto.

Signora Magri: Sì, ma non posso mica venire fin qui ogni volta che ho un problema: sarei sempre qui!

Commesso: Ma a noi farebbe piacere vederla, siamo qui per questo! Se poi non si vuole scomodare, sul nostro sito Internet, nel menù, c'è la voce "assistenza on line": lei ci clicca su e si apre una finestra dove può scrivere tutte le sue domande. Pratico, no?

Signora Magri: Sì, sembrerebbe tutto molto facile, almeno a parole…

Commesso: Tutti quelli che l'hanno fatto sono stati molto contenti. Per tornare al suo mouse, non c'è quasi mai un CD allegato, il computer ci si connette automaticamente. In ogni caso l'installazione di tanti programmi ormai si fa on line. Sarebbe impossibile fare diversamente, perché oggi i piccoli PC portatili e i tablet, non hanno più il lettore di CD.

Signora Magri: Il mio ha tutto! L'ho pagato piuttosto caro, per essere sicura di avere un apparecchio funzionante…

Commesso: E ha fatto bene signora! Come dice il proverbio, "chi più spende meno spende"!

■ COMPRENDRE LE DIALOGUE
LE VOCABULAIRE DE L'INFORMATIQUE

Remarquez comme la plupart des termes de l'informatique sont utilisés en anglais, sans traduction : *l'ordinateur* est **il computer** (ou **il PC**), *la souris* est **il mouse**, *la tablette* est **il tablet**, *sans fil* se dit **wireless**, etc. Souvenez-vous que les mots étrangers sont invariables en italien, donc **il computer/i computer**, **il mouse/i mouse**…

NOTE CULTURELLE

L'Italie est loin d'avoir accompli pleinement sa révolution digitale. Malgré les chiffres en augmentation (ils ont triplé entre 2000 et 2010), actuellement seulement un Italien sur deux a accès au Web, surtout par la téléphonie mobile (il y a plus de téléphones portables que d'habitants, alors que seulement un Italien sur trois possède un ordinateur…). Elle peut encore faire un effort, puisque ces données sont à peu près la moitié des mêmes chiffres dans d'autres pays de l'Union européenne, comme les Pays-Bas (entre 80 et 100 % d'utilisateurs d'Internet !).

◆ GRAMMAIRE
LES PRONOMS DÉMONSTRATIFS ET RELATIFS « COUPLÉS »

• Quand deux pronoms, l'un démonstratif, l'autre relatif, sont associés, l'un est sujet ou complément d'une proposition (donc d'un verbe), l'autre d'une autre (donc d'un autre verbe) qui est à son tour associée à la première :
Quelli che l'hanno fatto (premier verbe) **sono stati** (deuxième verbe) **molto contenti.** *Tous ceux qui l'ont fait ont été très contents.*
• Le pronom démonstratif est **quello**, qui varie en genre et nombre comme vous l'avez vu dans le Module n°6. Il correspond aussi bien au français masculin et féminin *celui* et *celle* qu'au neutre *ce* : **Quello che si sente dire.** *Ce que l'on entend dire.*
• Il existe aussi la forme neutre **ciò**, invariable : **Ciò che voglio dirle.** *Ce que je veux vous dire.*
• Le pronom relatif peut être **che** mais aussi **cui** précédé d'une préposition (voir Module n°16) : **Ciò di cui abbiamo bisogno.** *Ce dont nous avons besoin.*

CHI RELATIF ET CHI INTERROGATIF

• Le pronom **chi** est équivalent à **quello che**, et ne se réfère qu'aux personnes. Il s'accorde toujours au masculin singulier, même si parfois, dans des généralisations,

il a une signification plurielle : **La gente ascolta chi dà consigli.** *Les gens écoutent ceux qui donnent des conseils.*
Chi è stato in Italia ne parla molto bene. *Les gens qui ont été en Italie en parlent très bien.*
• Avec cette signification, **chi** est très souvent utilisé dans les proverbes (comme en français) : **Chi più spende, meno spende. Chi vivrà vedrà.** *Qui vivra verra.*
Ride bene chi ride ultimo. *Rira bien qui rira le dernier.*
• **Chi** est également utilisé comme pronom interrogatif :
Chi le ha detto questo? *Qui vous a dit cela ?*

▲ CONJUGAISON
LE CONDITIONNEL PRÉSENT

Il est conjugué à partir du radical du futur, auquel on rajoute les désinences suivantes, valables pour tous les verbes réguliers et irréguliers :
-ei, -esti, -ebbe, -emmo, -este, -ebbero. Voici donc le conditionnel présent de nos trois verbes types.

Personne	1er groupe en **-are** parlare	2e groupe en **-ere** prendere	3e groupe en **-ire** finire
1re pers. sing. (**io**)	parler**ei**	prender**ei**	finir**ei**
2e pers. sing. (**tu**)	parler**esti**	prender**esti**	finir**esti**
3e pers. sing. (**lui, lei**)	parler**ebbe**	prender**ebbe**	finir**ebbe**
1re pers. plur. (**noi**)	parler**emmo**	prender**emmo**	finir**emmo**
2e pers. plur. (**voi**)	parler**este**	prender**este**	finir**este**
3e pers. plur. (**loro**)	parler**ebbero**	prender**ebbero**	finir**ebbero**

• Les verbes irréguliers se comportent de la même manière, il suffit donc de connaître leur radical du futur, que nous avons vu dans le Module n°13. À titre d'exemple, voici donc le conditionnel présent du verbe **volere**, *vouloir* :
vorrei – vorresti – vorrebbe – vorremmo – vorreste - vorrebbero
• Comme en français, le conditionnel est utilisé aussi bien pour indiquer un fait possible mais pas certain, qui peut se réaliser justement sous condition, que dans des expressions de politesse, où la virtualité est signe de discrétion de la part du locuteur :
Vorrei alcune informazioni. *Je voudrais quelques informations.*
Mi piacerebbe. *J'aimerais.*
Avrei un'altra piccola domanda da farle. *J'aurais une autre petite question à vous poser.*

● EXERCICES

1. COMPLÉTEZ AVEC LE PRONOM DÉMONSTRATIF ET LE PRONOM RELATIF, COMME DANS L'EXEMPLE.

Exemple : Volevi un vestito rosso e l'hai comprato. Hai comprato .... volevi.
→ Hai comprato quello che volevi.

a. Mi hai chiesto il libro di storia e te l'ho portato. Ti ho portato .... mi hai chiesto.

b. Siamo andati in quella città. Tu ce l'avevi consigliata. Siamo andati in .... tu ci avevi consigliata.

c. Avete incontrato quegli amici. Ve li avevo presentati io. Avete incontrato .... vi avevo presentato.

2. TRANSFORMEZ CES PHRASES EN UNE AUTRE PHRASE AVEC LE PRONOM CHI, COMME DANS L'EXEMPLE (IL S'ACCORDE TOUJOURS AU MASCULIN SINGULIER).

Exemple : Non mi piacciono le persone che parlano troppo.
→ Non mi piace chi parla troppo.

a. Esco solo con le persone che mi sono simpatiche.

→ ....

b. Quelli che sono andati in quella scuola parlano bene italiano.

→ ....

c. Le persone che non hanno diciotto anni non possono guidare la macchina.

→ ....

3. TRADUISEZ CES PHRASES.

a. Nous voudrions. → .... c. Vous auriez. → ....

b. Ils seraient → .... d. Tu saurais. → ....

4. TRANSFORMEZ LE PRÉSENT DE L'INDICATIF EN CONDITIONNEL, COMME DANS L'EXEMPLE.

Exemple : Voglio un'informazione. → Vorrei un'informazione.

a. Mi piace andare in Italia. → ....

b. Mi può dire che ore sono? → ....

c. Possiamo arrivare un po' più tardi? → ....

VOCABULAIRE

l'apparecchio *l'appareil*
l'assistenza *l'assistance*
cliccare *cliquer*
connettere *connecter*
contenti *contents* **(contento** *content)*
diversamente *autrement*
l'esperto *l'expert*
facile *facile*
la finestra *la fenêtre*
funzionante *qui fonctionne*
impossibile *impossible*
l'informatica *l'informatique*
installare *installer*
l'installazione *l'installation*
intendersi *s'y connaître*
il lettore *le lecteur*
maldestra *maladroite* **(maldestro** *maladroit)*
il menù (ou **menu**) *le menu (en informatique), la carte*
ormai *désormais*
le parole *les mots* **(la parola** *le mot)*
la pazienza *la patience*
pratico *pratique*
i programmi *les logiciels* **(il programma** *le logiciel)*
il proverbio *le proverbe*
il rispetto *le respect*
riuscire *arriver (à faire quelque chose)*
sicura *sûre* **(sicuro** *sûr)*
il sito *le site*
spendere *dépenser*
spiegare *expliquer*
spostarsi *se déplacer*
la voce *l'entrée, la voix*
veramente *vraiment*

19.
ÉCRIRE UN E-MAIL

SCRIVERE UNA MAIL

OBJECTIFS	NOTIONS

- **LE VOCABULAIRE DE BASE DE LA TÉLÉPHONIE MOBILE ET DU COURRIER ÉLECTRONIQUE**
- **LIRE, ÉCRIRE UN E-MAIL**

- **LA FORMATION ET EMPLOI DES ADVERBES**
- **LE CONDITIONNEL PASSÉ**

COURRIER ÉLECTRONIQUE

Natalia : Federico, je peux utiliser ton ordinateur pour envoyer un mail ?

Federico : Oui, bien sûr, mais pourquoi tu ne l'envoies pas avec le portable ?

Natalia : Je l'aurais fait volontiers, mais mon portable aujourd'hui ne se connecte pas au réseau. Pire [Même], en ce moment il ne prend même pas pour téléphoner : tu vois l'icône sur l'écran ? Il n'y a pas de réseau. Hier aussi il marchait lentement, ou plutôt très lentement, dirais-je…

Federico : Le mien prend parfaitement, regarde, il est connecté depuis ce matin sans problème.

Natalia : Cela m'arrive souvent depuis que j'ai changé de fournisseur, avant cela ne m'était jamais arrivé. J'aurais préféré rester chez celui d'avant, mais celui-ci m'a offert un nouveau téléphone. « Offert », façon de parler, vu que je le payerai avec l'abonnement pendant deux ans.

Federico : Voilà, mon PC est libre, envoie donc ton e-mail.

Natalia : Je dois répondre à Luisa qui m'a écrit pour me prévenir que demain matin il y a une réunion avec le nouveau responsable des ventes, tu savais, toi ?

Federico : Non, je n'en sais rien ; ils auraient dû me le dire.

Natalia : Alors je te fais suivre son e-mail, comme ça tu le lis, toi aussi. Tu me donnes ton adresse email ?

Federico : De ta boîte de courrier électronique, il suffit de taper les premières lettres de mon nom dans le champ de l'adresse et tu verras qu'il t'apparaît de lui-même.

Natalia : Voici le texte de l'e-mail de Luisa : « Bonjour à tous, jeudi 15 février à 9 heures, vous êtes priés d'être présents à la rencontre avec M. Biraghi, le nouveau responsable des ventes. Cordialement [Salutations cordiales], Luisa Mengoni. » Moi, par contre, je ne peux pas y aller, j'ai rendez-vous avec un client important.

Federico : Écris-le-lui, sinon elle fera des tas d'histoires, tu sais comment est Luisa.

Natalia : Je fais « répondre à tous », comme ça les collègues le sauront aussi : « Bonjour, malheureusement demain je ne pourrai pas être présente, ayant déjà fixé depuis longtemps un autre rendez-vous. » Je demande aussi l'accusé de réception, comme cela, je suis plus sûre. Tu penses [dis] que ça aurait été la peine de l'envoyer en courrier certifié ?

Federico : Allez, n'exagère pas, ce n'est pas pour le président de la République !

POSTA ELETTRONICA

Natalia: Federico, posso usare il tuo computer per mandare una mail?

Federico: Sì, certo, ma perché non la mandi con il cellulare?

Natalia: L'avrei fatto volentieri, ma il mio cellulare oggi non si connette alla rete. Anzi, in questo momento non prende neanche per telefonare: vedi l'icona sullo schermo? Non c'è campo. Anche ieri andava lentamente, anzi, lentissimamente direi…

Federico: Il mio prende perfettamente, guarda, è connesso da stamattina senza problemi.

Natalia: Mi succede spesso da quando ho cambiato operatore, prima non mi era mai successo. Avrei preferito restare con quello di prima, ma questo mi ha regalato un telefono nuovo. "Regalato" si fa per dire, visto che lo pagherò con l'abbonamento per due anni.

Federico: Ecco, il mio PC è libero, manda pure la tua mail.

Natalia: Devo rispondere a Luisa che mi ha scritto per avvertirmi che domattina c'è una riunione con il nuovo responsabile delle vendite, tu lo sapevi?

Federico: No, non ne so niente; avrebbero dovuto dirmelo.

Natalia: Allora ti inoltro la sua mail, così la leggi anche tu. Mi dai il tuo indirizzo e-mail?

Federico: Dalla tua casella di posta elettronica, basta digitare le prime lettere del mio nome nella stringa dell'indirizzo, e vedrai che ti appare da solo.

Natalia: Ecco il testo della mail di Luisa: "Buongiorno a tutti, giovedì 15 febbraio alle ore 9 siete pregati di essere presenti all'incontro con il dott. Biraghi, nuovo responsabile delle vendite. Cordiali saluti, Luisa Mengoni." Io però non ci posso andare, ho appuntamento con un cliente importante.

Federico: Scriviglielo, se no farà un sacco di storie, sai com'è Luisa.

Natalia: Faccio "rispondi a tutti", così anche i colleghi lo sapranno: "Buongiorno, purtroppo domani non potrò essere presente avendo già da tempo fissato un altro appuntamento." Chiedo anche l'avviso di lettura, così sono più sicura. Dici che sarebbe stato il caso di mandarla in posta certificata?

Federico: Dai, non esagerare, non è mica per il presidente della repubblica!

■ COMPRENDRE LE DIALOGUE
CONNEXION ET INTERNET

Dans le dialogue de ce module, comme dans celui du précédent, vous trouvez plusieurs mots et expressions de téléphonie et Internet : **il telefono prende** ou **non prende** s'il y a ou s'il n'y a pas de connexion (**c'è o non c'è campo**) ; **l'operatore** *le fournisseur d'accès téléphonique*. **La posta elettronica certificata (P.E.C.)** est *un courrier certifié* ayant en Italie une valeur légale supérieure à celui d'un e-mail ordinaire.

SI FA PER DIRE

Remarquez cette expression plutôt amusante, **si fa per dire**, qui correspond à *c'est une façon de parler*, au sens que ce que l'on vient de dire n'est pas tout à fait vrai, comme **il telefono regalato** de Natalia… Cette expression est invariable.

UN SACCO

Il sacco, *le sac*, remplace le tas français dans les expressions idiomatiques, à l'oral uniquement, pour indiquer *une grande quantité* : **quando parte, porta sempre un sacco di cose inutili** *quand il part, il porte toujours un tas de choses inutiles*. Tout seul, **un sacco** signifie *beaucoup*, **gli piace un sacco** *cela lui plaît beaucoup*, **la pizza mi piace un sacco** *j'aime beaucoup la pizza*.

◆ GRAMMAIRE
FORMATION ET EMPLOI DES ADVERBES

- Souvent, les adverbes sont formés à partir du singulier d'adjectifs au genre féminin, auxquels on rajoute le suffixe **-mente** : du féminin **lenta** *lente* (de l'adjectif **lento**) vient **lentamente** *lentement*, de **perfetta** *parfaite* dérive **perfettamente** *parfaitement*, etc.
- Les adverbes dérivés d'adjectifs se terminant en **-le** éliminent le **-e** avant le suffixe **-mente** : **personale** *personnel/personnelle* – **personalmente** *personnellement* ; **piacevole** *agréable* – **piacevolmente** *agréablement*.
- D'autres adverbes se terminent en **-i**, comme **volentieri** *volontiers*, **tardi** *tard*, **fuori** *dehors*, etc.
- Des adjectifs sont utilisés tels quels comme adverbes, comme **forte** *fort*.
- Les adverbes, comme les adjectifs, peuvent être altérés, formant aussi le superlatif, **lentissimamente** *très lentement*, **fortissimo** *très fort* ou **benissimo** *très bien*.

▲ CONJUGAISON
LE CONDITIONNEL PASSÉ

Comme en français, il est formé du conditionnel présent du verbe auxiliaire **essere** ou **avere** suivi du participe passé du verbe à conjuguer, selon le modèle suivant :

Personne	1er groupe en **-are** andare	2e groupe en **-ere** vendere	3e groupe en **-ire** finire
1re pers. sing. (**io**)	s**a**rei andato/andata	avrei venduto	avrei finito
2e pers. sing. (**tu**)	saresti andato/andata	avresti venduto	avresti finito
3e pers. sing. (**lui, lei**)	sarebbe andato/andata	avrebbe venduto	avrebbe finito
1re pers. plur. (**noi**)	saremmo andati/andate	avremmo venduto	avremmo finito
2e pers. plur. (**voi**)	sareste andati/andate	avreste venduto	avreste finito
3e pers. plur. (**loro**)	sar**e**bbero andati/andate	avr**e**bbero venduto	avr**e**bbero finito

- Souvenez-vous que **e**ssere et **avere** ont eux-mêmes comme auxiliaires : **sarei stato**, etc. et **avrei avuto**, etc. Puisque le participe passé s'accorde avec le sujet seulement quand l'auxiliaire est **e**ssere, nous aurons **sarei stata** si le sujet est féminin singulier, et **avrei avuto** pour masculin et féminin, singulier et pluriel :

Mia sorella sarebbe stata molto felice di cono**scerti, ma oggi non poteva venire.** *Ma sœur aurait été très heureuse de te connaître, mais aujourd'hui elle ne pouvait pas venir.*

Mia sorella avrebbe avuto molte cose da dirti, ma oggi non poteva venire. *Ma sœur aurait eu beaucoup de choses à te dire, mais aujourd'hui elle ne pouvait pas venir.*

- Puisque nous avons vu que les participes passés irréguliers sont nombreux (Module n°10), n'oubliez pas de les réviser régulièrement pour pouvoir utiliser aisément les temps composés, comme ici le conditionnel passé.

● EXERCICES

1. DANS LES PHRASES SUIVANTES, CONJUGUEZ AU CONDITIONNEL PASSÉ LES VERBES AU CONDITIONNEL PRÉSENT.

a. Con il mio operatore queste cose non succederebbero. ....

b. In treno viaggeremmo molto più comodi. ....

c. Carla preferirebbe andarci lunedì. ....

d. Carla ci andrebbe più volentieri lunedì. ....

2. FORMEZ L'ADVERBE À PARTIR DE L'ADJECTIF.

a. strano → ....
c. solito → ....

b. professionale → ....
d. fortunato → ....

3. TRADUISEZ CES PHRASES.

a. Nous aurions voulu. → ....

b. Elles auraient été. → ....

c. Il aurait pu. → ....

d. Vous seriez venues. → ....

4. REMPLACEZ LE SUPERLATIF AVEC MOLTO PAR LA FORME EN -ISSIM-.

a. Camminavamo molto lentamente. → ....

b. Parla sempre molto forte. → ....

c. La nostra macchina va molto piano. → ....

d. Siete arrivati molto tardi. → ....

🔊 5. ÉCOUTEZ L'ENREGISTREMENT ET COMPLÉTEZ CES PHRASES.

21

a. Da qui non si può telefonare: non c'è ....

b. È vero, il mio cellulare non si .... alla rete.

c. Con il mio vecchio operatore non mi è mai .... di avere problemi di connessione.

d. Il nuovo operatore mi ha .... un cellulare nuovo.

VOCABULAIRE

l'abbonamento *l'abonnement*
apparire *apparaître*
avvertire *prévenir, avertir*
l'avviso di lettura *accusé de réception*
il campo *le réseau, le champ*
la casella *la boîte (de courrier)*
certificata *certifiée*
cordiali *cordiaux/cordiales*
digitare *taper (à l'ordinateur ou sur le téléphone)*
esagerare *exagérer*
fissare *fixer*
l'icona *l'icône*
l'incontro *la rencontre*
inoltrare *faire suivre, transmettre*
la mail *l'e-mail*
il momento *le moment*
neanche *même pas*
l'operatore *le fournisseur*
pregare *prier*
regalare *offrir*
la rete *le réseau*
la repubblica *la république*
rispondere *répondre*
i saluti *les salutations*
lo schermo *l'écran*
senza *sans*
spesso *souvent*
stamattina *ce matin*
la stringa *le champ (de l'adresse e-mail)*
succedere *arriver (en parlant d'un fait)*
telefonare *téléphoner*
il testo *le texte*

20.
DONNER DES INSTRUCTIONS PRATIQUES

DARE ISTRUZIONI PRATICHE

OBJECTIFS	NOTIONS

- EXPOSER SON PROBLÈME ET DEMANDER DE L'AIDE
- EXPLIQUER LE FONCTIONNEMENT D'UN APPAREIL
- DONNER DES INSTRUCTIONS PRATIQUES
- AIDER QUELQU'UN À TROUVER UN OBJET

- L'ACCORD DU PARTICIPE PASSÉ
- LES VERBES SEMI-AUXILIAIRES

UN PROBLÈME POUR ENTRER AU BUREAU

Elena : Allô Giovanni, excuse-moi si je te dérange si tard, mais j'ai un problème pour entrer au bureau.

Giovanni : Mais qu'est-ce que tu y fais, au bureau, à cette heure-ci ?

Elena : Malheureusement j'ai dû revenir parce que j'ai oublié le rapport sur notre projet avec la Suède et je dois le présenter demain matin au congrès de Milan. Je n'ai pas pu venir avant, j'étais occupée, maintenant je dois y entrer forcément et il y a l'alarme, comment je fais ?

Giovanni : Tu ne connais pas le code par cœur ?

Elena : Non... Je l'ai marqué sur ma tablette et je l'ai oubliée à la maison.

Giovanni : Tu as oublié la tablette à la maison, tu ne connais pas le code par cœur et tu es enfermée en dehors du bureau à neuf heures et demie du soir ; tu es vraiment un phénomène, tu sais ? Un peu de petites choses par cœur, genre numéro de téléphone, plaque d'immatriculation de la voiture, numéro de sécurité sociale et ainsi de suite, finalement ce n'est pas si difficile de les apprendre, tu ne crois pas ?

Elena : Alors tu me le donnes, ou pas, ce code ?

Giovanni : D'accord : tu es devant l'entrée principale ?

Elena : Oui, juste devant le clavier du code d'alarme.

Giovanni : Alors, appuie une fois sur la touche avec l'astérisque, ok ?

Elena : Oui, voilà, c'est fait ; et après ?

Giovanni : Tape le code : dièse un cinq cinq un trois AB, puis appuie deux fois sur OK.

Elena : Voilà, maintenant je suis entrée. Excuse-moi, maintenant attends un instant avant de raccrocher, je veux être sûre de trouver le dossier. Tous les dossiers des projets sont dans la petite armoire dans le bureau de Sandro, n'est-ce pas ?

Giovanni : Oui, du moins c'est là que la secrétaire aurait dû les mettre.

Elena : Zut, la porte est fermée à clé !

Giovanni : Pas de panique, allez [donne], la clé devrait être dans la petite armoire en métal dans le couloir.

Elena : Heureusement ! C'est la clé avec le numéro six ?

Giovanni : Oui, fais attention parce que la porte est un peu dure à ouvrir : fais un demi-tour de clé puis soulève un peu la poignée et tire fort, tu verras qu'elle s'ouvre.

Elena : Tu ne vas pas me dire que [Ce n'est pas que maintenant tu me dis que] je dois prendre un tournevis et démonter la serrure ? Non, elle s'est ouverte, maintenant je regarde dans le troisième tiroir à gauche…

Giovanni : Non, c'est le deuxième à droite.

Elena : Ah oui : voilà le dossier ! Je suis épuisée ! Et demain matin je dois aller à Milan rencontrer les clients suédois… Le mois dernier aussi c'est moi qui ai dû y aller parce que eux, ils n'ont pas voulu venir jusqu'ici. Merci, Giovanni !

Giovanni : Bon courage !

22 UN PROBLEMA PER ENTRARE IN UFFICIO

Elena: Pronto, Giovanni, scusa se ti disturbo così tardi, ma ho un problema per entrare in ufficio.

Giovanni: Ma che ci fai in ufficio a quest'ora?

Elena: Purtroppo sono dovuta tornare perché ho dimenticato la relazione sul nostro progetto con la Svezia e la devo presentare domattina al convegno di Milano. Non sono potuta venire prima, avevo un impegno, ora devo entrare per forza e c'è l'allarme, come faccio?

Giovanni: Ma non sai il codice a memoria?

Elena: No... L'ho segnato sul mio tablet e me lo sono dimenticato a casa.

Giovanni: Ti sei dimenticata il tablet a casa, non sai il codice a memoria e sei chiusa fuori dall'ufficio alle nove e mezza di sera; sei proprio un fenomeno, sai? Un po' di cosine a memoria, tipo numero di telefono, targa della macchina, codice fiscale e così via non è poi così difficile impararle, no?

Elena: Allora me lo dai o no questo codice?

Giovanni: Va bene: sei davanti all'ingresso principale?

Elena: Sì, proprio di fronte alla tastiera del codice di allarme.

Giovanni: Allora premi una volta sul tasto con l'asterisco, okay?

Elena: Sì, ecco fatto; e dopo?

Giovanni: Digita il codice: cancelletto uno cinque cinque uno tre AB, poi premi due volte OK.

Elena: Ecco, sì, ora sono entrata. Scusa, adesso aspetta un attimo prima di riattaccare, voglio essere sicura di trovare la cartellina. Tutte le cartelline dei progetti sono nell'armadietto nell'ufficio di Sandro, vero?

Giovanni: Sì, o almeno è lì che li avrebbe dovuti mettere la segretaria.

Elena: Accidenti, la porta è chiusa a chiave!

Giovanni: Niente panico, dai, la chiave dovrebbe essere nell'armadietto di metallo nel corridoio.

Elena: Meno male! È la chiave con il numero sei?

Giovanni: Sì, fai attenzione perché la porta è un po' dura da aprire: fa' mezzo giro di chiave poi solleva un po' la maniglia e tira forte, vedrai che si apre.

Elena: Non è che adesso mi dici che devo prendere un cacciavite e smontare la serratura? No, si è aperta, adesso guardo nel terzo cassetto a sinistra...

Giovanni: No, è il secondo a destra.

Elena: Ah sì: ecco la cartellina! Sono sfinita! E domattina devo andare a Milano ad incontrare i clienti svedesi. Anche il mese scorso ci sono dovuta andare io perché loro non sono voluti venire fin qui. Grazie, Giovanni!

Giovanni: In bocca al lupo!

COMPRENDRE LE DIALOGUE
LE VERBE SAPERE

Il est parfois utilisé dans le sens de *connaître*, et suivi directement du complément d'objet direct (**Non sai il codice a memoria** *Tu ne connais pas le code par cœur*) et aussi pour une langue étrangère : **Sa benissimo l'inglese.** *Il connaît (il parle) très bien l'anglais.*

RICORDARSI ET DIMENTICARSI

Ces deux verbes, qui correspondent à *se souvenir* et à *oublier*, ont une construction pronominale. **Mi sono dimenticato che avevo un appuntamento importante.** *J'ai oublié que j'avais un rendez-vous important.* **Ricordati che domani abbiamo un appuntamento.** *Souviens-toi que demain nous avons un rendez-vous.*

IN BOCCA AL LUPO !

C'est une expression superstitieuse par laquelle on souhaite bonne chance à quelqu'un mais en évitant de lui dire **buona fortuna**, ce qui porterait malheur. Elle signifie littéralement *dans la gueule du loup* et la réponse, aussi superstitieuse, est **crepi il lupo**, *que le loup crève*. Pauvre loup !

NOTE CULTURELLE

Il codice fiscale, *le code fiscal*, est un chiffre à 16 caractères (chiffres et lettres) dont chaque contribuable italien est titulaire, et qui est utilisé aussi bien pour la fiscalité que pour toute démarche administrative ; c'est en fait un numéro d'identification de la personne ou de la raison sociale, puisqu'il est attribué également aux sociétés et aux associations. Il a été créé en 1973 et à cause de sa grande utilité quotidienne, de nombreux Italiens ont toujours sur eux la **tessera sanitaria**, leur *carte de sécurité sociale*, où le **codice fiscale** est imprimé.

◆ GRAMMAIRE
L'ACCORD DU PARTICIPE PASSÉ

- Le participe passé s'accorde avec le sujet quand l'auxiliaire est **essere**, avec le complément d'objet direct (s'il précède le verbe, même dans la forme d'un pronom personnel complément) quand l'auxiliaire est **avere**. Nous avons déjà vu cela dans les modules précédents :

Carla e Luisa sono andate al mare. *Carla et Luisa sont allées à la mer.*
Carla e Luisa hanno fatto una gita al mare. *Carla et Luisa ont fait une excursion à la mer.*
Le ho viste in riva al mare. *Je les ai vues au bord de la mer.*

• Avec les verbes réfléchis, l'accord se fait toujours avec le sujet, même dans le cas de « faux réfléchis », comme **mi sono fatta male alla mano**, *je me suis fait mal à la main* ; **ci siamo lavati i denti**, *nous nous sommes lavé les dents* ; **Elena si è dimenticata** ou **si è ricordata di noi**, *Elena nous a oubliés, ou s'est souvenue de nous.*

• Remarquez également, dans le dialogue, **la segretaria li avrebbe dovuti mettere**, *la secrétaire aurait dû les mettre*, où le participe passé de **dovere**, **dovuto**, s'accorde avec le C.O.D. **li** simplement à cause de sa position antécédente, même s'il ne s'agit pas du C.O.D. du verbe **dovere**.

▲ CONJUGAISON
LES VERBES SEMI-AUXILIAIRES

• Les quatre verbes, **dovere**, **potere**, **sapere** et **volere** accompagnent souvent un autre verbe conjugué :
Devo andare a Milano. *Je dois aller à Milan.*
Non possiamo venire da voi. *Nous ne pouvons pas venir chez vous.*

• Quand la phrase est dans un temps composé, ces verbes semi-auxiliaires prennent comme auxiliaire celui du verbe qu'ils accompagnent :
Sono dovuto andare a Milano. *J'ai dû aller à Milan* (puisque le verbe **andare** utilise **essere** comme auxiliaire).
Ho dovuto imparare il tedesco. *J'ai dû apprendre l'allemand* (puisque **imparare** utilise **avere** comme auxiliaire).
Puisque nous avons vu que le participe passé est toujours accordé avec le sujet quand l'auxiliaire est **essere**, cela sera le cas aussi dans ces expressions :
Paolo e Luigi sono dovuti andare a Milano. *Paolo et Luigi ont dû aller à Milan.*
Isabella e Susanna sono dovute andare a Milano. *Isabella et Susanna ont dû aller à Milan.*

• Quand ces verbes ne sont pas accompagnés d'un autre verbe, ils utilisent tous **avere** comme auxiliaire :
Hai saputo che Sandro ha traslocato? – Sì, l'ho saputo. *Tu as su que Sandro a déménagé ? – Oui, je l'ai su.*

Questo cambiamento, l'ha voluto il direttore. *Ce changement, c'est le directeur qui l'a voulu.* Pour cela, on trouve parfois **avere** comme auxiliaire même quand il accompagne des verbes ayant comme auxiliaire **essere**, surtout avec le verbe **sapere**, quoique cet usage soit impropre : **Non ha saputo venire da sola** ou bien **non è saputa venire da sola**, *elle n'a pas su venir toute seule.*
Abbiamo dovuto partire alle cinque ou bien **siamo dovuti partire alle cinque**, *nous avons dû partir à cinq heures.*

⬢ EXERCICES

1. COMPLÉTEZ LES PHRASES SUIVANTES AVEC LE PARTICIPE PASSÉ DU VERBE ENTRE PARENTHÈSES, ACCORDÉ CORRECTEMENT.

a. Ti sei .... le mani prima di venire a tavola? (lavare)

b. Le mie cugine hanno .... in tutto il mondo. (viaggiare)

c. Ci siamo .... l'appuntamento. (dimenticare)

d. Carla, siamo in ritardo e tu non ti sei ancora .... le scarpe! (mettere)

2. COMPLÉTEZ AVEC LE VERBE ENTRE PARENTHÈSES AU PASSÉ COMPOSÉ.

a. Carla non .... aprire la porta. (sapere)

b. Mio fratello .... cambiare città per trovare lavoro. (dovere)

c. Ci dispiace, non .... arrivare prima. (potere)

d. Mia sorella non .... venire fin qui. (sapere)

3. TRADUISEZ LES PHRASES SUIVANTES.

a. Ils ont mis leurs chaussures. → ....

b. Elles se sont lavé les dents. → ....

c. Nous avons oublié notre rendez-vous. → ....

d. Elle s'est souvenue de toi. → ....

🔊 4. ÉCOUTEZ ET COMPLÉTEZ LES PHRASES SUIVANTES.

a. Non posso entrare perché c'è l'..............

b. Ma come? Non sai il .... a memoria?

c. Devi digitare il codice sulla .... dell'allarme.

●VOCABULAIRE

l'allarme *l'alarme*
l'armadietto *la petite armoire*
　(l'armadio *l'armoire)*
l'asterisco *l'astérisque*
il cacciavite *le tournevis*
il cancelletto *le dièse (sur les claviers)*
la cartellina *le dossier (diminutif de* **la cartella***)*
il cassetto *le tiroir*
la chiave *la clé*
chiusa *fermée, renfermée*
　(chiuso *fermé, renfermé)*
il codice *le code*
il convegno *le congrès*
dura *dure* **(duro** *dur)*
il fenomeno *le phénomène*
fuori *dehors*
incontrare *rencontrer*
l'ingresso *l'entrée*
le istruzioni *les instructions*
　(l'istruzione *l'instruction)*
il lupo *le loup*
la maniglia *la poignée*
a memoria *par cœur*
　(la memoria *la mémoire)*
il metallo *le métal*
il numero *le numéro*
il panico *la panique*
premere *appuyer*
il progetto *le projet*
la relazione *la relation*
scorso *dernier*
la segretaria (il segretario) *la sécretaire*
la serratura *la serrure*
sfinita *épuisée* **(sfinito** *épuisé)*
smontare *démonter*
sollevare *soulever*
svedesi (svedese) *suédois*
la targa *la plaque*
la tastiera *le clavier*
il tasto *la touche*
tirare *tirer*

IV
LES
LOISIRS

21. RÉSERVER UNE CHAMBRE D'HÔTEL

PRENOTARE UNA CAMERA D'ALBERGO

OBJECTIFS

- LES MOTS DE L'HÔTELLERIE ET DE LA RESTAURATION
- S'ORIENTER ENTRE PLUSIEURS CHOIX
- SPÉCIFIER SES EXIGENCES

NOTIONS

- C'È ET CI SONO AUX DIFFÉRENTS TEMPS ET MODES VERBAUX ÉTUDIÉS
- VERBES IRRÉGULIERS : PIACERE, SCEGLIERE, TENERE, VALERE

UNE CHAMBRE AVEC VUE SUR LA MER

Monsieur Marchetti : Allô ? Bonjour, e voudrais réserver une chambre pour le week-end du 14 mai, est-ce possible ?

Réceptionniste : Un instant… Vous voulez une chambre simple, une double avec lits jumeaux ou une double avec un grand lit ?

Monsieur Marchetti : Je voudrais une chambre avec un grand lit pour deux avec salle de bains et avec vue sur la mer, il y en a encore ?

Réceptionniste : Nous avons une chambre pour deux personnes avec salle de bains, mais pas avec vue sur la mer, je suis désolée. Mais celle-ci est une très belle chambre, vous savez ? Spacieuse, claire, avec la climatisation [l'air conditionné], téléviseur, minibar, et bien sûr le Wi-Fi pour la connexion Internet.

Monsieur Marchetti : D'accord, d'accord. Cependant, excusez-moi, c'est une chose à laquelle je tiens beaucoup : est-elle silencieuse ? L'année dernière, vous m'avez donné une chambre qui donnait sur la rue, et toute la nuit il y avait des gens qui passaient, qui criaient, qui riaient, il y avait même des voitures avec la musique à très haut volume [à tout volume]. Celle que vous me proposez n'est pas aussi bruyante, n'est-ce pas ?

Réceptionniste : Non, absolument pas ! Bon, disons qu'on entend un peu de circulation [parce que quelque petite chose de la circulation de la rue on l'entend], mais en tout cas cette année nous avons fait mettre les doubles vitrages, et c'est tout autre chose !

Monsieur Marchetti : Je l'espère [Espérons bien]… Et combien coûte [vient] cette chambre ?

Réceptionniste : Cent euros par nuit ; le prix comprend [dans le prix est compris] le petit-déjeuner, que l'on prend de huit heures à dix heures trente dans notre salle de restaurant. Celle-là, oui, elle a la vue sur la mer, vous vous en souvenez ?

Monsieur Marchetti : Bien sûr que je m'en souviens ! Chaque année je choisis votre hôtel pour la qualité de la cuisine ! J'adore vos fritures de poissons [frits mixtes] et vos spaghettis aux fruits de mer [au rocher] !

Réceptionniste : Merci monsieur, beaucoup de clients nous choisissent pour cela.

Monsieur Marchetti : Mais excusez-moi, d'ici au mois de mai peut-être y aura-t-il des désistements, et alors il y aura peut-être une chambre libre avec vue sur la mer, n'est-ce pas ? Dans ce cas, vous pourriez m'appeler ?

Réceptionniste : Bien sûr ; vous êtes monsieur… ?

Monsieur Marchetti : Marchetti Francesco. C'est une réservation pour trois nuits, 13, 14 et 15 mai.

Réceptionniste : Un instant, je le marque. Ah, j'oubliais : en réalité il y aurait une chambre avec vue sur la mer, mais nous ne la proposons jamais à personne parce qu'elle est petite et sans climatiseur. Si vous y tenez…

Monsieur Marchetti : Non, je n'aime pas les petites chambres, et en plus je souffre de la chaleur ! Pour le moment je prends celle-ci, ensuite s'il y a des nouveautés c'est vous qui m'appelez. Je dois envoyer des arrhes ?

Réceptionniste : Normalement il faudrait nous envoyer une avance de dix pour cent, mais puisque vous êtes un client habituel, nous avons confiance en vous.

Monsieur Marchetti : Merci pour la confiance ! Au revoir !

23 — UNA CAMERA CON VISTA SUL MARE

Signor Marchetti: Pronto? Buongiorno, vorrei prenotare una camera per il fine settimana del 14 maggio, è possibile?

Receptionist: Un momento… La vuole singola, doppia o matrimoniale?

Signor Marchetti: Vorrei una matrimoniale con bagno e con vista sul mare; ce ne sono ancora?

Receptionist: Abbiamo una camera matrimoniale con bagno, ma non con vista sul mare, mi dispiace. Ma questa è una bellissima camera, sa? Spaziosa, luminosa, con l'aria condizionata, televisione, frigobar e naturalmente il wi-fi per la connessione Internet.

Signor Marchetti: Va bene, va bene. Però, mi scusi, ad una cosa tengo moltissimo: è silenziosa? L'anno scorso mi avete dato una camera che dava sulla strada, e tutta la notte c'era gente che passava, gridava, rideva, c'erano persino macchine con la musica a tutto volume. Quella che mi proponete non è così rumorosa, vero?

Receptionist: No, assolutamente no! Beh, diciamo che qualcosina del traffico della strada lo si sente, ma in ogni caso quest'anno abbiamo fatto mettere i doppi vetri, ed è tutta un'altra cosa!

Signor Marchetti: Speriamo bene… E quanto viene questa camera?

Receptionist: Cento euro a notte; nel prezzo è compresa la prima colazione, che si fa dalle otto alle dieci e trenta nella nostra sala ristorante. Quella sì, che ha la vista sul mare, se la ricorda?

Signor Marchetti: Certo che me la ricordo! Ogni anno scelgo il vostro albergo per la qualità della cucina! Adoro i vostri fritti misti e i vostri spaghetti allo scoglio!

Receptionist: Grazie, signore, molti clienti ci scelgono per questo.

Signor Marchetti: Ma scusi, da qui a maggio forse ci saranno delle disdette, e allora ci sarà magari una camera con vista sul mare libera, no? In quel caso mi potreste chiamare?

Receptionist: Certo; Lei è il signor…?

Signor Marchetti: Marchetti Francesco. È una prenotazione per tre notti, 13, 14 e 15 maggio.

Receptionist: Un attimo che lo segno. Ah, dimenticavo: in realtà ci sarebbe una camera con vista sul mare, ma non la proponiamo mai a nessuno perché è piccola e senza climatizzatore. Se lei ci tiene…

Signor Marchetti: No, non mi piacciono le camere piccole, e poi soffro il caldo! Per ora prendo questa, poi se ci sono novità mi chiamate voi. Devo mandare una caparra?

Receptionist: Normalmente bisognerebbe mandarci un anticipo del dieci per cento, ma siccome lei è un cliente abituale, ci fidiamo di lei.

Signor Marchetti: Grazie per la fiducia! Arrivederci!

◼ COMPRENDRE LE DIALOGUE
SINGOLA, DOPPIA O MATRIMONIALE?

Une chambre d'hôtel peut être **singola**, s'il y a un petit lit pour une personne, **doppia** s'il y a deux lits séparés, et **matrimoniale** littéralement, *conjugale*, avec un grand lit pour deux personnes. Les lits **matrimoniali** sont très grands en Italie, on les appelle **a due piazze** *à deux places* et on les distingue des lits **a una piazza e mezza** *à une place et demie* que l'on appelle aussi **letto matrimoniale alla francese**, puisqu'en France les couples dorment dans des lits plus petits qu'en Italie… Si une seule personne veut une chambre avec un grand lit, on lui proposera **una camera matrimoniale uso singola**, *utilisée comme une chambre individuelle*.

VENIRE POUR COSTARE

Le verbe **venire** est souvent utilisé pour demander ou indiquer un prix, à la place du verbe **costare** *coûter*. **Quanto viene questa camera?** *Combien coûte cette chambre ?*

FIDARSI

Ce verbe signifie *avoir confiance*, et il est construit avec la préposition **di** avant le nom ou le pronom de la personne en qui on a confiance : **mi fido di te** *j'ai confiance en toi*. Étant donné qu'il s'agit d'un verbe pronominal, l'auxiliaire est **essere** et le participe passé dans les temps composés est toujours accordé avec le sujet : **ci siamo fidati di te** *nous avons eu confiance en toi*.

NOTE CULTURELLE

Les Italiens tiennent beaucoup à leurs vacances, même si, à cause de la crise économique que le pays traverse depuis de longues années, de très nombreux habitants de la péninsule ont depuis longtemps renoncé aux trois ou quatre semaines estivales, se contentant de quelques week-ends à la mer, ou tout au plus d'une semaine loin de chez eux. Ils aiment prendre leurs congés dans leur pays, et par rapport à leurs voisins européens, ils partent peu à l'étranger, ou éventuellement ils choisissent des pays voisins et bon marché, comme la Croatie ou la Slovénie. L'Italie connaît également l'essor des vacances last minute dans des destinations balnéaires lointaines, mais ce sont surtout les jeunes qui utilisent ces formules. Les vacances des Italiens restent toujours des vacances en famille, où l'on cherche des endroits tranquilles pour les enfants, comme les stations balnéaires de la côte

Adriatique ou au bord de la mer Tyrrhénienne, et où les loisirs pour les plus grands ne sont pas loin, comme à Rimini ou à Viareggio, où discothèques et pubs nocturnes pullulent.

◆ **GRAMMAIRE**
C'È ET CI SONO

Voici un tableau avec les formes de **c'è** et **ci sono** (il y a au singulier et au pluriel) aux différents temps et modes verbaux étudiés :

Indicatif présent	Passé composé	Indicatif imparfait	Indicatif futur	Futur antérieur	Conditionnel présent	Conditionnel passé
c'è	c'è stato/a	c'era	ci sarà	ci sarà stato/a	ci sarebbe	ci sarebbe stato/a
ci sono	ci sono stati/e	c'erano	ci saranno	ci saranno stati/e	ci sarebbero	ci sarebbero stati/e

Souvenez-vous que la construction est toujours directe (sans **de**) : **non ci sono camere libere** *il n'y a pas de chambres libres*.
Remarquez que devant le pronom **ne**, **ci** devient **ce** : **ce ne sono** *il y en a*.

▲ **CONJUGAISON**
D'AUTRES VERBES IRRÉGULIERS

Voici quelques nouveaux verbes irréguliers fréquents au présent de l'indicatif.

	piacere *plaire*	**scegliere** *choisir*	**tenere** *tenir*	**valere** *valoir*
io	piaccio	scelgo	tengo	valgo
tu	piaci	scegli	tieni	vali
lui, lei, Lei	piace	sceglie	tiene	vale
noi	piacciamo	scegliamo	teniamo	valiamo
voi	piacete	scegliete	tenete	valete
loro	piacciono	scelgono	tengono	valgono

Le futur de **tenere** est **terrò**, de **valere** est **varrò**. Le participe passé de **scegliere** est **scelto**, de **valere** est **valso**.

⬢ EXERCICES

1. COMPLÉTEZ AVEC LA FORME CORRECTE, CONJUGUÉE AU TEMPS OPPORTUN, DE C'È OU DE CI SONO.

a. Ho chiesto se .... una camera con vista sul mare, ma mi hanno detto che erano finite.

b. In questo ristorante .... un'ottima cucina.

c. Qui in giro .... persone strane, non trovi?

d. In realtà .... una camera con vista sul mare, ma non la proponiamo mai a nessuno perché è piccola.

2. COMPLÉTEZ AVEC LA FORME CORRECTE DU VERBE ENTRE PARENTHÈSES AU PRÉSENT DE L'INDICATIF.

a. Voglio una camera con vista sul mare, ci .... moltissimo. (tenere)

b. Carlo .... quell'albergo per la sua ottima cucina. (scegliere)

c. Mi .... mangiare la pizza alla sera. (piacere)

d. Le opere di quell'artista .... molti milioni. (valere)

3. TRADUISEZ LES PHRASES SUIVANTES.

a. Il choisit. → ....

b. Nous avons choisi. → ....

c. Je n'aimais pas la mer. → ....

d. Ils n'y tiennent pas. → ....

🔊 4. ÉCOUTEZ L'ENREGISTREMENET ET COMPLÉTEZ CES PHRASES.

23

a. Buongiorno, vorrei .... una camera per il prossimo fine settimana.

b. Ora guardo se ci .... delle camere libere.

c. La vuole singola, doppia o ....?

d. Vorrei una camera con .... sul mare.

VOCABULAIRE

abituale *habituel(le)*
l'albergo *l'hôtel*
l'aria condizionata *l'air conditionné, la climatisation* (**l'aria** *l'air est féminin*)
assolutamente *absolument*
la caparra *les arrhes*
il climatizzatore *le climatiseur*
la connessione *la connexion*
le disdette *les désistements* (**la disdetta** *le désistement*)
doppio *double* (**doppi** *doubles*)
la fiducia *la confiance*
il frigobar *le minibar*
i fritti *les fritures* (**il fritto** *la friture*)
gridare *crier*
luminosa *claire, lumineuse* (**luminoso** *clair, lumineux*)
matrimoniale *conjugal*
misti *mixtes* (**misto** *mixte*)
la musica *la musique*
la/le novità *la (les) nouveauté(s)*
persino *même*
prenotare *réserver*
ridere *rire*
il ristorante *le restaurant*
rumorosa *bruyante* (**rumoroso** *bruyant*)
la sala *la salle*
scegliere *choisir*
lo scoglio *le rocher* (**spaghetti allo scoglio** *spaghettis aux fruits de mer*)
gli spaghetti *les spaghettis* (*attention, le mot est déjà au pluriel en italien, son singulier est* **lo spaghetto**)
silenziosa *silencieuse* (**silenzioso** *silencieux*)
singolo *individuel*
soffrire *souffrir*
spaziosa *spacieuse* (**spazioso** *spacieux*)
sperare *espérer*
i vetri *les verres, les carreaux, les vitrages* (**il vetro**)
la vista *la vue*
il volume *le volume*

22.
À LA GARE ET À L'AÉROPORT

ALLA STAZIONE E ALL'AEROPORTO

OBJECTIFS

- LE VOCABULAIRE DES VOYAGES EN TRAIN ET EN AVION
- EXPRIMER SA PRÉOCCUPATION ET SA « PANIQUE »
- TRANQUILLISER QUELQU'UN ET L'AIDER À TROUVER UNE SOLUTION

NOTIONS

- LE SUBJONCTIF
- VERBES IRRÉGULIERS : MORIRE, TACERE, TOGLIERE

LE STRESS DU VOYAGEUR

Alessandra : Excusez-moi, est-il déjà parti, le train pour l'aéroport ?

Chef de gare : Oui, il y a une minute.

Alessandra : Zut ! Et comment je fais, maintenant ?

Chef de gare : Je crois que le prochain partira dans une demi-heure.

Alessandra : C'est trop tard ! Je vais sûrement rater l'avion ! Il faut arriver à l'aéroport une heure avant le décollage pour l'enregistrement, les contrôles de sécurité et l'embarquement.

Chef de gare : Malheureusement il n'y en a pas avant : autrefois il y en avait un toutes les dix minutes, mais maintenant, avec toutes les réductions de budget des chemins de fer, ils enlèvent tous les trains bon marché et pratiques pour les gens, et le service public meurt peu à peu. Et les voyageurs se taisent et acceptent tout ! Maintenant que j'y pense, le train que vous avez manqué est un régional, n'est-ce pas ?

Alessandra : Oui, il s'arrêtait à toutes les gares ; non, à presque toutes, c'était un régional rapide.

Chef de gare : Il me semble qu'il y a le prochain « Intercity » pour Milan : celui-là s'arrête aussi à l'aéroport. Il part dans dix minutes.

Alessandra : Non ! À cette heure-ci il doit y avoir une queue sans fin au guichet, je n'arriverai jamais à acheter le supplément !

Chef de gare : Ne vous inquiétez pas [Tranquille], mademoiselle, il y a les billetteries automatiques qui fonctionnent aussi bien avec les espèces qu'avec les cartes de crédit et les « bancomat ». Je suis désolé que vous soyez si stressée, au fond vous avez le temps [le temps il y a], allons !

Alessandra : Que voulez-vous, c'est le stress du voyageur… Merci beaucoup, j'espère qu'il n'y aura pas trop de gens aux billetteries automatiques aussi. (…) Voilà ! J'ai réussi, j'ai mon billet, et maintenant où est le train ?

Chef de gare : Il part de la voie 3 ; vous avez la place 85 dans la voiture 4, c'est le wagon de queue, le dernier.

Alessandra : Enfin à l'aéroport ! Je regarde tout de suite le tableau des départs… Voilà… ! Je dois aller rapidement [en hâte] à la porte G pour l'embarquement. Mon avion vient de Palerme, il vient d'atterrir et il décolle dans très peu de temps.

Employé : Excusez-moi, mademoiselle, votre bagage est trop grand pour être apporté en cabine. Nous devons l'étiqueter et le mettre dans la soute : c'est le règlement.

Alessandra : Mais comment ? Cette très petite valise ? Tant pis, je m'en séparerai pendant quelques heures…

Employé : Ne vous inquiétez pas, mademoiselle, détendez-vous, le vol ne dure qu'une heure et demie.

Alessandra : C'est déjà trop, pour moi [pour mes goûts] !

24 LO STRESS DEL VIAGGIATORE

Alessandra: Scusi, è già partito il treno per l'aeroporto?

Capostazione: Sì, un minuto fa.

Alessandra: Accidenti! E come faccio adesso?

Capostazione: Credo che il prossimo parta tra mezz'ora.

Alessandra: È troppo tardi! Di sicuro perderò l'aereo! Bisogna arrivare in aeroporto un'ora prima del decollo per il check-in, i controlli di sicurezza e l'imbarco.

Capostazione: Purtroppo non ce ne sono prima: una volta ce n'era uno ogni dieci minuti, ma ora, con tutti i tagli al bilancio delle ferrovie, tolgono tutti i treni economici e comodi per la gente, e il servizio pubblico muore a poco a poco. E i viaggiatori tacciono e accettano tutto! Ora che ci penso, il treno che ha perso lei era un regionale, vero?

Alessandra: Sì, si fermava in tutte le stazioni; no, in quasi tutte, era un regionale veloce.

Capostazione: Mi sembra che ci sia il prossimo Intercity per Milano: quello si ferma anche all'aeroporto. Parte tra dieci minuti.

Alessandra: No! A quest'ora ci sarà una fila senza fine allo sportello, non ce la farò mai a comprare il supplemento!

Capostazione: Tranquilla, signorina, ci sono le biglietterie automatiche, che funzionano sia con i contanti che con le carte di credito e il bancomat. Mi dispiace che lei sia così stressata, in fondo il tempo c'è, andiamo!

Alessandra: Cosa vuole, è lo stress del viaggiatore... Grazie mille, spero che non ci sia troppa gente anche alle biglietterie automatiche. (…) Ecco! Ce l'ho fatta, ho il biglietto, e adesso dov'è il treno?

Capostazione: Parte dal binario tre; lei ha il posto 85 nella carrozza 4, è il vagone di coda, l'ultimo.

Alessandra: Finalmente all'aeroporto! Guardo subito il tabellone delle partenze… ecco! Devo andare in fretta al gate G per l'imbarco. Il mio aereo viene da Palermo, è appena atterrato e decolla tra pochissimo.

Impiegato: Scusi, signorina, il suo bagaglio è troppo grande per essere portato in cabina. Dobbiamo etichettarlo e metterlo in stiva: è il regolamento.

Alessandra: Ma come! Questa piccolissima valigia? Pazienza, me ne separerò per qualche ora…

Impiegato: Non si preoccupi, signorina, si rilassi, il volo dura solo un'ora e mezza.

Alessandra: È già troppo, per i miei gusti!

■ COMPRENDRE LE DIALOGUE
REGIONALE ET INTERCITY

Il treno regionale est un train omnibus, **il regionale veloce** fait moins d'arrêts, mais très nombreux quand même… Il existe d'autres trains, comme les **Intercity**, qui ont une vitesse et un confort supérieurs mais un prix assez élevé voire très élevé, comme **la freccia rossa** et **la freccia bianca**, qui correspondent aux T.G.V. français. Nous développerons ces aspects dans la note culturelle plus loin.

SIA…CHE

sia con i contanti, che con le carte di credito: la corrélation **sia … che** (on peut dire également **sia … sia**) indique *et … et*, c'est-à-dire à la fois une chose et l'autre.

NOTE CULTURELLE

Le FS (le Ferrovie dello Stato), la compagnie des chemins de fer italiens, aujourd'hui gérée par l'entreprise d'état **Trenitalia**, a sensiblement renforcé son réseau ferroviaire pendant les trente dernières années, et les légendaires retards et dysfonctionnements des trains italiens sont en grande partie une histoire révolue. Des trains à grande vitesse ont été introduits : il s'agit des **Eurostar** et **Intercity**, que les Italiens utilisent beaucoup, notamment pour leurs déplacements professionnels. Malheureusement, le prix élevé des billets pour ces voyages à grande vitesse et à grand confort fait que la voiture reste toujours le moyen de transport le plus utilisé pour les voyages de loisirs et les vacances en famille. Ou alors, on essaye de prendre un train régional, souvent omnibus (que l'on appelle souvent **il locale** *le local*, qui est son appellation ancienne) pour éviter de dépenser trop. Depuis quelques années, des compagnies privées, comme **Italo**, couvrent une partie du réseau ferroviaire, offrant des prix très avantageux, ce qui n'est pas sans risque pour la survie du service public…

▲ CONJUGAISON
LE SUBJONCTIF

N'étant pas d'utilisation très aisée – même pour les Italiens… – nous consacrerons au subjonctif seulement quelques notes introductives, en gardant son approfondissement pour les niveaux suivants. Cependant, il est indispensable, même pour un débutant, d'en connaître au moins la conjugaison et l'emploi courant.

Dans le tableau ci-dessous, nous présentons le subjonctif présent de **essere**, **avere** et des trois groupes réguliers :

	avere	essere	parl**are**	prend**ere**	fin**ire**	offr**ire**
io	abbia	sia	parl**i**	prend**a**	finisc**a**	offr**a**
tu	abbia	sia	parl**i**	prend**a**	finisc**a**	offr**a**
lui, lei, Lei	abbia	sia	parl**i**	prend**a**	finisc**a**	offr**a**
noi	abbiamo	siamo	parl**iamo**	prend**iamo**	fin**iamo**	offr**iamo**
voi	abbiate	siate	parl**iate**	prend**iate**	fin**iate**	offr**iate**
loro	abbiano	siano	parl**ino**	prend**ano**	finisc**ano**	offr**ano**

Remarquez que la particularité du troisième groupe, d'avoir deux formes, l'une ayant la particule intercalaire **-isc-**, revient au subjonctif présent.

La plupart des verbes irréguliers forment leur subjonctif présent à partir du radical de la première personne du présent de l'indicatif, revenant à la forme régulière pour les personnes 4 et 5 (**noi** et **voi**). Prenons, à titre d'exemple, le verbe **venire** : **venga, venga, venga, veniamo, veniate, v<u>e</u>ngano**.

En règle générale, le subjonctif est le mode du « virtuel » et du subjectif, de ce dont la personne qui parle n'est pas sûre, de ce qui est pour elle possible, probable ou hypothétique. C'est pour cela que l'on trouve le subjonctif après des verbes comme **credere** *croire*, **pensare** *penser*, **dubitare** *douter*, **immaginare** *imaginer*, etc., mais aussi exprimant un sentiment ou un point de vue personnel, et qui sont donc du domaine du « subjectif » : **temere** *craindre*, **rallegrarsi** *se réjouir*, **essere contento** *être content*, etc.

Sono contento che tu sia venuto. *Je suis content que tu sois venu.*

Mi fa piacere che Carlo venga domani. *Cela me fait plaisir que Carlo vienne demain.*

Mi dispiace che oggi faccia brutto tempo. *Je regrette qu'aujourd'hui il fasse mauvais temps.*

D'AUTRES VERBES IRRÉGULIERS

Voici quelques nouveaux verbes irréguliers fréquents au présent de l'indicatif.

	morire *mourir*	**tacere** *se taire*	**t**o**gliere** *enlever*
io	muoio	taccio	tolgo
tu	muori	taci	togli
lui, lei, Lei	muore	tace	toglie
noi	moriamo	tacciamo	togliamo
voi	morite	tacete	togliete
loro	muoiono	t**a**cciono	tolgono

Le participe passé de **morire** est **morto**, de **tacere** est **taciuto**, de **t**o**gliere** est **tolto**.

◆ EXERCICES

1. COMPLÉTEZ AVEC LE VERBE ENTRE PARENTHÈSES AU PRÉSENT DU SUBJONCTIF.

a. Mi dispiace che tu non .... da noi. (venire)

b. Ci sembra che voi .... troppo. (mangiare)

c. Spero che lei non .... il treno. (perdere)

d. Credo che Carla e Paolo .... l'aereo delle dodici e trenta. (prendere)

2. CONJUGUEZ CHAQUE VERBE À LA PERSONNE INDIQUÉE ENTRE PARENTHÈSES, COMME DANS L'EXEMPLE.

Exemple : Credo che lei sia spagnola (loro). Credo che loro siano spagnole.

a. Spero che loro vadano al mare. (tu) →...

b. Credo che lei sia inglese. (voi) → ....

c. Mi fa piacere che tu venga a Milano. (voi) → ....

d. Non so a che ora lei finisca di lavorare. (voi) → ....

VOCABULAIRE

l'aereo *l'avion*
l'aeroporto *l'aéroport*
a poco a poco *peu à peu*
atterrare *atterrir*
automatiche *automatiques*
il bagaglio *le bagage*
le biglietterie *les billetteries*
  (la biglietteria *la billetterie)*
il biglietto *le billet*
il binario *la voie*
la cabina *la cabine*
il capostazione *le chef de gare*
la carrozza *la voiture, le wagon, le carrosse*
il check-in *l'enregistrement (à l'aéroport)*
comodi *pratiques*
il controllo *le contrôle*
decollare *décoller*
il decollo *le décollage*
durare *durer*
etichettare *étiqueter*
  (l'etichetta *l'étiquette)*
fermarsi *s'arrêter*
le ferrovie *les chemins de fer*
  (la ferrovia *le chemin de fer)*
la fila *la queue*
finalmente *finalement*
il gate *la porte d'embarquement (à l'aéroport)*
già *déjà*
i gusti *les goûts* **(il gusto** *le goût)*
l'imbarco *l'embarquement*
in fretta *rapidement* **(la fretta** *la hâte)*
ogni *chaque, tous les*
la partenza *le départ*
il posto *la place*
regionale *régional(e)*
il regolamento *le règlement*
rilassarsi *se détendre*
separare *séparer*
il servizio pubbico *le service public*
la sicurezza *la sécurité*
le stazioni *les gares* **(la stazione** *la gare)*
la stiva *la soute*
lo stress *le stress*
stressata *stressée* **(stressato** *stressé)*
il supplemento, *le supplément*
il tabellone *le tableau*
i tagli *les coupes, les réductions budgetaires* **(il taglio)**
togliere *enlever*
il treno *le train*
il vagone *la voiture, le wagon*
la valigia *la valise*
il viaggiatore *le voyageur*
il volo *le vol*

3. COMPLÉTEZ AVEC LE VERBE IRRÉGULIER ENTRE PARENTHÈSES AU TEMPS INDIQUÉ.

a. Se mi sarà possibile, il mese prossimo .... da voi a Milano. (venire – futur)

b. Quando che tu .... la porta, io potrò finalmente entrare a casa tua. (aprire – futur antérieur)

c. Le nostre vacanze al mare .... bellissime. (essere – passé composé)

d. Spero che Filippo .... bene. (scegliere – subjonctif présent)

4. ÉCOUTEZ L'ENREGISTREMENT ET COMPLÉTEZ LES PHRASES SUIVANTES.

a. Bisogna arrivare in aeroporto un'ora prima del .... per il check-in.

b. A quest'ora ci sarà una fila senza fine allo .... della biglietteria.

c. Il suo treno parte dal .... tre.

d. Non si preoccupi, signorina, si rilassi, il .... dura solo un'ora e mezza.

23.
LE SPORT ET LE TEMPS LIBRE

LO SPORT E IL TEMPO LIBERO

OBJECTIFS	NOTIONS
- LE VOCABULAIRE DU SPORT - LES ÉTUDES ET LA FAMILLE	- LE SUBJONCTIF : EMPLOI ET CONJUGAISON (AU PASSÉ) - VERBES IRRÉGULIERS : PRODURRE, SPEGNERE

ARTICLES DE SPORT

Paola : Bonjour, je voudrais une paire de chaussures de gymnastique ; que me conseillez-vous ?

Vendeur : Ça dépend, madame ; nous avons des chaussures de tennis, de basket, de foot, ou même simplement des chaussures pour aller courir.

Paola : Oui, oui, justement, celles-là ! Il me les faut pour mon jogging quotidien. Le médecin m'a conseillé d'aller courir un peu chaque jour. J'en ai acheté une paire dans un supermarché, mais je ne crois pas que cela ait été un bon achat : je les ai mises seulement une fois et maintenant les pieds me font terriblement mal !

Vendeur : Je crains qu'on ne vous ait vraiment mal conseillée !

Paola : Vous, par contre, que me conseillez-vous ?

Vendeur : Pour une activité sportive amateur comme la vôtre, disons de fitness, je vous conseillerais celles-ci : c'est un excellent produit de moyenne gamme. Nous les produisons nous-mêmes, par l'intermédiaire d'une société italienne qui réalise nos modèles. Elles sont belles, n'est-ce pas ?

Paola : Bien sûr ! Je les mettrai même pour aller me promener!

Vendeur : Je crois que votre portable sonne, madame.

Paola : Oh, excusez-moi, d'habitude je l'éteins toujours quand j'entre dans un magasin ! Allô ? Oui, excuse-moi mais je suis dans un magasin… Oui, justement d'articles sportifs… Ah, d'accord, je te l'achète, alors. Salut. C'était mon fils, qui a besoin d'un survêtement de gymnastique pour le gymnase ; vous savez, il est en sixième, et ils ont deux heures par semaine d'éducation physique.

Vendeur : Quelle taille porte-t-il ?

Paola : Je ne sais pas, parce qu'il a beaucoup grandi ces derniers mois [dans les derniers mois], je ne sais pas s'il porte toujours des tailles pour enfants.

Vendeur : Écoutez, faisons ainsi : je vous donne une small pour adulte, si cela ne va pas vous me la rapportez et nous la changeons ; ça va ?

Paola : Oui, merci, vous êtes très gentil. Ah, donnez-moi aussi une paire de shorts et des chaussettes en coton, toujours pour lui. Heureusement, son frère est déjà grand et ses articles sportifs, il va les acheter tout seul : pour moi ce serait trop compliqué. Il fait plein de sports différents, et pour chacun il y a un équipement différent : le kimono pour le judo, les gants pour la boxe thaïlandaise, les skis et les chaussures pour les sports d'enfer… Oh pardon ! Je voulais dire « les sports d'hiver » ! Le seul sport qu'il ne pratique pas, c'est la natation, ce serait trop simple : un maillot de bain, un bonnet de bain et une paire de lunettes… et presque rien à laver à la maison ! De toute façon, au moins pour s'acheter les choses, il se débrouille ; pour les garder propres et en ordre, lavées et repassées, un peu moins.

ARTICOLI SPORTIVI

Paola: Buongiorno, vorrei un paio di scarpe da ginnastica; che cosa mi consiglia?

Commesso: Dipende, signora; abbiamo scarpe da tennis, da pallacanestro, da calcio, o anche semplicemente scarpe per andare a correre.

Paola: Sì, sì, proprio quelle! Mi servono per il mio jogging quotidiano. Il medico mi ha consigliato di andare a correre un po' ogni giorno.
Ne ho comprato un paio in un supermercato, ma non credo che sia stato un buon acquisto: le ho messe solo una volta ed ora mi fanno terribilmente male i piedi!

Commesso: Temo che l'abbiano consigliata proprio male!

Paola: Lei, invece, che cosa mi consiglia?

Commesso: Per un'attività sportiva dilettantistica come la sua, diciamo di fitness, le consiglierei queste: sono un ottimo prodotto di media gamma. Le produciamo noi stessi, tramite una ditta italiana che realizza i nostri modelli. Belle, no?

Paola: Certo! Queste le metterò anche per andare a spasso!

Commesso: Credo che le stia suonando il cellulare, signora.

Paola: Oh, mi scusi, di solito lo spengo sempre quando entro in un negozio! Pronto? Sì, scusa ma sono in un negozio... sì, proprio di articoli sportivi... Ah, va bene, te la compro io allora. Ciao!
Era mio figlio, che ha bisogno di una tuta da ginnastica per la palestra; sa, fa la prima media, e hanno due ore alla settimana di educazione fisica.

Commesso: Che taglia porta?

Paola: Non so, perché è cresciuto tanto negli ultimi mesi, non so se porti ancora le taglie da bambino.

Commesso: Guardi, facciamo così: le dò una small da adulto, se non va bene me la riporta e la cambiamo; va bene?

Paola: Sì, grazie, è molto gentile. Ah, mi dia anche un paio di calzoncini e delle calze di cotone, sempre per lui. Per fortuna suo fratello è già grande e i suoi articoli sportivi se li va a comprare da solo: per me sarebbe troppo complicato.
Fa un sacco di sport diversi, e per ognuno c'è un'attrezzatura diversa: il kimono per il judo, i guantoni per la boxe tailandese, gli sci e gli scarponi per gli sport infernali...
Oh scusi! Volevo dire "gli sport invernali"!
L'unico sport che non fa è il nuoto, sarebbe troppo semplice: un costume, una cuffia ed un paio di occhialini... e quasi niente da lavare a casa! Comunque almeno per comprarsi la roba si arrangia; per tenerla pulita e in ordine, lavata e stirata, un po' meno.

COMPRENDRE LE DIALOGUE
ANDARE A SPASSO

Lo spasso est *la distraction, le loisir* ; c'est un mot ancien d'utilisation assez rare, sauf dans les expressions idiomatiques **andare a spasso** *aller se promener*, et **essere a spasso** *être au chômage*.

LES FORMULES STARE + GÉRONDIF ET STARE PER + INFINITIF AU SUBJONCTIF

Dans des phrases demandant le subjonctif (irréalité, hypothèse, point de vue personnel, etc., voir module précédent), le verbe **stare** doit être conjugué au subjonctif : **credo che tua sorella stia per arrivare qui** *je crois que ta sœur est sur le point d'arriver ici* ; **non mi sembra che tu stia lavorando** *il ne me semble pas que tu sois en train de travailler*.

VERBES AYANT UN AUXILIAIRE DIFFÉRENT QUE LEURS HOMOLOGUES FRANÇAIS

Le verbe **crescere**, *grandir*, à la différence de son équivalent français, a **essere** comme auxiliaire : **è cresciuto** *il a grandi*. C'est le cas aussi de **dimagrire** *maigrir* (**sono dimagrito** *j'ai maigri*), **ingrassare** *grossir* (**sono ingrassato** *j'ai grossi*), **invecchiare** *vieillir* (**sono invecchiato** *j'ai vieilli*), **aumentare** *augmenter* (**è aumentato** *il a augmenté*), **durare** *durer* (**è durato a lungo** *il a duré longtemps*). Comme vous l'aurez remarqué, tous ces verbes sont liés à une transformation dans le temps du sujet. Bien sûr, puisque l'auxiliaire est **essere**, il faut accorder le participe passé avec le sujet, le cas échéant : **mia figlia è cresciuta** *ma fille a grandi*.

LA ROBA

Ce mot indique génériquement *les affaires*, et aussi *la marchandise*, « *les trucs* » ; il est toujours au singulier, donc vous avez remarqué que tous les adjectifs et les verbes qui lui sont accordés sont au féminin singulier. Notez également l'expression idiomatique assez courante **roba da matti!** *c'est fou !*

NOTE CULTURELLE

Le fils de Paola est en **prima media**, il a donc 11 ans. Il n'est pas inutile, pour se repérer un peu dans la scolarité italienne, de voir comment les études sont organisées. **La scuola dell'obbligo**, *école obligatoire*, dure en Italie jusqu'à 16 ans, comme en France, et commence à 6 ans avec **la scuola primaria** qui dure cinq ans (**la scuola dell'infanzia**, pour les enfants de 3 à 5 ans, n'est pas obligatoire) ; ensuite, les trois années de **scuola media** (**prima, seconda** et **terza media**, qui correspondent au collège) sont suivies par **le scuole superiori** (qui correspondent au lycée et durent cinq ans). Comme en France, le lycée peut être général (**liceo classico**, à orientation littéraire, **scientifico, linguistico, pedagogico**, pour la formation des maîtres) ou professionnel. Le diplôme de fin d'études supérieures, équivalent au baccalauréat, s'appelle l**a maturità** : on l'obtient, sans redoublements, à 19 ans.

◆ GRAMMAIRE ET CONJUGAISON
LE SUBJONCTIF PASSÉ

• Pour les cas où l'on utilise le subjonctif, restent valables, bien sûr, les remarques indiquées au module précédent.

• Il faut simplement utiliser le temps passé de ce mode quand la proposition principale, dont le subjonctif dépend, est au présent, alors que ce qui est exprimé par le subjonctif précède cette action dans le temps :

Non credo che sia stato un buon acquisto. *Je ne crois pas que cela ait été un bon achat.*

Penso che tu abbia fatto un errore. *Je pense que tu as fait une erreur.*

• Du point de vue de la morphologie du verbe, le subjonctif passé est simplement formé du subjonctif présent du verbe auxiliaire et du participe passé du verbe à conjuguer. Prenons comme exemple le verbe irrégulier :

scegliere *choisir*

abbia scelto	**abbiamo scelto**
abbia scelto	**abbiate scelto**
abbia scelto	**abbiano scelto**

Souvenez-vous de l'accord du participe passé avec le sujet quand l'auxiliaire est **essere**, comme **dimagrire** : **sia dimagrito/a, sia dimagrito/a, sia dimagrito/a, siamo dimagriti/e, siate dimagriti/e, siano dimagriti/e.**

D'AUTRES VERBES IRRÉGULIERS

Voici quelques nouveaux verbes irréguliers fréquents au présent de l'indicatif.

	produrre *produire*	**spegnere** *éteindre*
io	produco	spengo
tu	produci	spegni
lui, lei	produce	spegne
noi	produciamo	spegniamo
voi	producete	spegnete
loro	producono	spengono

Le futur, l'imparfait et le participe passé sont :
produrrò, producevo, prodotto pour **produrre** ;
spegnerò, spegnevo, spento pour **spegnere**.

● EXERCICES

1. CONJUGUEZ AU PASSÉ LES VERBES AU SUBJONCTIF PRÉSENT, COMME DANS L'EXEMPLE.

Exemple : Credo che il treno parta alle dodici e trenta. → Credo che il treno sia partito alle dodici e trenta.

a. Mi dispiace che tu non venga da noi.

→ ....

b. Ci sembra che voi mangiate troppo.

→ ....

c. Spero che lei non perda il treno.

→ ....

d. Credo che Carla e Paolo prendano l'aereo delle quattordici.

→ ....

VOCABULAIRE

l'adulto *l'adulte*
arrangiarsi *se débrouiller*
gli articoli *les articles*
l'attività *l'activité*
l'attrezzatura *l'équipement*
il bambino *l'enfant*
il calcio *le football*
i calzoncini *le short (attention, ce mot est au pluriel en italien)*
il costume *le maillot de bain*
il cotone *le coton*
la cuffia *le bonnet de bain*
dilettantistico *amateur*
diverso *différent*
l'educazione *l'éducation*
fisico *physique*
la gamma *la gamme*
la ginnastica *la gymnastique*
i guantoni *les gants de boxe*
    *(***il guanto** *le gant)*
infernale *infernal*
invernale *hivernal*
lavare *laver*
il medico *le médecin*
il modello *le modèle*
il nuoto *la natation*
gli occhialini *les lunettes de piscine*
l'ordine *l'ordre*
la palestra *le gymnase*
la pallacanestro *le basket-ball*
il prodotto *le produit*
produrre *produire*
pulito *propre*
quotidiano *quotidien*
riportare *rapporter*
gli scarponi *les chaussures de ski ou de montagne*
lo sci *le ski*
semplicemente *simplement*
sportivo *sportif*
stirare *repasser*
la taglia *la taille*
tailandese *thaïlandais*
il tennis *le tennis*
terribilmente *terriblement*
la tuta *le survêtement*

2. CONJUGUEZ LE VERBE DE CHAQUE PHRASE À LA PERSONNE INDIQUÉE ENTRE PARENTHÈSES, COMME DANS L'EXEMPLE.

Exemple : Credo che lei sia stata a Roma (loro). → Credo che loro siano stati a Roma.

a. Spero che loro siano andati a lavorare. (tu)

→ ....

b. Credo che lei abbia fatto un buon acquisto. (voi)

→ ....

c. Mi fa piacere che tu sia venuta a Milano. (voi)

→ ....

d. Mi sembra che lui abbia mangiato troppo. (loro)

→ ....

3. COMPLÉTEZ AVEC LE VERBE IRRÉGULIER ENTRE PARENTHÈSES AU TEMPS INDIQUÉ.

a. Le Ferrovie dello Stato.............. molti treni su questa linea. (togliere – passé composé)

b. Non .... venire da te domani perché ho un problema alla macchina. (potere – indicatif présent)

c. Quando esco, ... sempre la luce. (spegnere – indicatif présent)

d. L'anno prossimo, la mia ditta .... molti elettrodomestici. (produrre – futur)

🔊 4. ÉCOUTEZ L'ENREGISTREMENT ET COMPLÉTEZ LES PHRASES SUIVANTES.

25

a. Vorrei un .... di scarpe da ginnastica per mio figlio.

b. Alle scuole medie vanno in .... due ore alla settimana per le lezioni di educazione fisica.

c. Devo comprare gli sci e gli scarponi per gli sport ....

24. LE CINÉMA ET LE THÉÂTRE

IL CINEMA E IL TEATRO

OBJECTIFS

- **DÉCIDER UNE SORTIE ENTRE AMIS**
- **EXPRIMER SES GOÛTS PERSONNELS**
- **ÉVALUER PLUSIEURS POSSIBILITÉS ET EN DISCUTER**
- **LE VOCABULAIRE DES LOISIRS ET DU TEMPS LIBRE (CINÉMA ET THÉÂTRE)**

NOTIONS

- **SUBJONCTIF : EMPLOI ET CONJUGAISON (IMPARFAIT ET PLUS-QUE-PARFAIT)**
- **SUBJONCTIF DANS LES PHRASES FINALES ET ADVERSATIVES**

CINÉMA ENGAGÉ OU CINÉMA DE DÉTENTE ?

Ludovico : Ça t'irait d'aller au cinéma ce soir ?

Simona : Cela dépend du film ; tu sais bien que je préfère le théâtre.

Ludovico : Ah oui ? Je croyais que tu aimais les deux.

Simona : Je ne dis pas que le cinéma ne me plaît pas, mais le théâtre, c'est tout autre chose. J'aime ces salles pleines de lumières et de lustres, les fauteuils en velours, l'entracte dans le foyer en buvant un verre de mousseux ; j'aime le moment où le rideau s'ouvre, et sur la scène apparaissent des acteurs en chair et en os ; veux-tu comparer cela avec les stars de celluloïd du cinéma ?

Ludovico : Ah bon ? [Mais regarde !] Qui l'eût cru ? [Qui l'aurait jamais dit ?] Il me semblait que tu étais allée au cinéma plein de fois…

Simona : Et j'y suis allée ! Mais le plus souvent [la plupart des fois], je sors déçue, peut-être parce que je m'attends à mieux [je m'attends trop].

Ludovico : Mais oui, au fond, aller au cinéma doit être aussi un passe-temps, n'est-ce pas ?

Simona : C'est peut-être vrai, mais moi, j'éprouve le besoin de faire fonctionner le cerveau aussi dans mon temps libre. Je n'aime pas les soi-disant films de détente, et je cherche toujours à aller voir des films engagés, qui veulent dire quelque chose. Malheureusement, le grand cinéma d'auteur italien est mort, et il n'y a plus les grands maîtres du néoréalisme ou de la comédie à l'italienne. Et bien que j'essaie de ne pas être pessimiste, je ne vois aucun réalisateur actuel digne de ces grands noms.

Ludovico : En somme, pas de cinéma ce soir…

Simona : Non, penses-tu ! Je ne disais pas cela pour que tu changes d'avis ! Au contraire, j'aimerais que tu me fasses connaître un réalisateur différent, qui me plaise vraiment !

Ludovico : À vrai dire, je voulais te proposer une comédie romantique avec Sauro Perdone…

Simona : Ce n'est pas *Qui ne risque rien, n'a rien* ? C'est sans doute un de ces films commerciaux pleins d'acteurs et de personnages de la télévision, qui imitent le style des séries télé, et en plus avec plein de vulgarités et de boutades idiotes. Non, merci !

Ludovico : D'accord, j'en étais sûr…

Simona : Je te proposerais plutôt *Sans passé* de Paolo Correntino, qui dénonce les crimes de la mafia pendant l'après-guerre.

Ludovico : Quelle allégresse ! D'accord, par amitié je viens avec toi. Au pire, je mange un kilo de popcorn puis je rentre chez moi…

◀ 26 CINEMA IMPEGNATO O CINEMA DI EVASIONE?

Ludovico: Ti andrebbe di andare al cinema stasera?

Simona: Dipende dal film; sai bene che preferisco il teatro.

Ludovico: Ah sì? Credevo che ti piacessero entrambi.

Simona: Non dico che il cinema non mi piaccia, ma il teatro è tutta un'altra cosa. Mi piacciono quelle sale piene di luci e di lampadari, le poltroncine di velluto, l'intervallo nel ridotto a bere un bicchiere di spumante; amo il momento in cui si apre il sipario e sul palcoscenico appaiono attori in carne ed ossa; vuoi mettere con le star di celluloide del cinema?

Ludovico: Ma guarda! Chi l'avrebbe mai detto! Mi sembrava che fossi andata al cinema un sacco di volte...

Simona: E ci sono andata! Ma la maggior parte delle volte esco delusa, forse perché mi aspetto troppo.

Ludovico: Ma sì, in fondo andare al cinema deve essere anche un passatempo, no?

Simona: Sarà, ma io sento il bisogno di fare funzionare il cervello anche nel mio tempo libero. Non mi piacciono i cosiddetti film d'evasione, e cerco sempre di andare a vedere film impegnati, che vogliano dire qualcosa. Purtroppo il grande cinema d'autore italiano è morto, e non ci sono più i grandi maestri del neorealismo o della commedia all'italiana. E nonostante io cerchi di non essere pessimista, non vedo nessun regista attuale degno di quei grandi nomi.

Ludovico: Insomma niente cinema stasera...

Simona: No, per carità! Non dicevo mica questo perché tu cambiassi idea! Anzi, mi piacerebbe che tu mi facessi conoscere un regista diverso, che mi piaccia davvero!

Ludovico: A dire la verità, volevo proporti una commedia sentimentale con Sauro Perdone...

Simona: Non sarà mica *Chi non risica non rosica*? Sarà uno di quei "cinepanettoni" pieni di attori e personaggi televisivi, che imitano lo stile degli sceneggiati, ed in più con tanta volgarità e battute stupide. No, grazie!

Ludovico: Va bene, ne ero sicuro...

Simona: Io ti proporrei invece *Senza passato* di Paolo Correntino, che denuncia i crimini della mafia nel dopoguerra.

Ludovico: Che allegria! Va bene, per amicizia vengo con te. Male che vada, mangio un chilo di popcorn poi me ne torno a casa...

■ COMPRENDRE LE DIALOGUE
ENTRAMBI

C'est un adjectif et pronom indéfini duel, qui indique *l'un et l'autre* ; son féminin est **entrambe** : **mi piacciono entrambe le cose** *l'une et l'autre chose me plaisent.*

LE SUBJONCTIF, MODE DU « VIRTUEL »

Maintenant que vous connaissez la conjugaison des verbes au subjonctif, nous verrons dans les dialogues des emplois de ce mode qui montrent comme on l'utilise à chaque fois qu'il y a un sens d'incertitude ou de subjectivité, comme ici (**non dico che il cinema non mi piaccia** *je ne dis pas que le cinéma ne me plaît pas*), où il est utilisé pour laisser une ambiguïté sur la position de Simona, à l'aide aussi de la double négation : le cinéma lui plaît ou pas finalement… ? De même, dans **male che vada** *au pire*, on exprime l'éventualité, non pas la certitude, que cela aille mal…

SARÀ…

Sarà sous-entend **sarà vero**, et signifie simplement *c'est peut-être vrai*.

NIENTE

L'adverbe **niente** devant un nom correspond à *pas de* : **ho mangiato un primo, un secondo, e niente caffè** *j'ai mangé une entrée, un plat et pas de café.*

NOTE CULTURELLE

Le cinéma néoréaliste s'est développé dans les années qui ont suivi la Seconde Guerre mondiale, grâce à des cinéastes comme Vittorio De Sica (**Ladri di biciclette,** *Le voleur de bicyclettes*, 1948), Roberto Rossellini (**Roma città aperta**, *Rome, ville ouverte*, 1945), Luchino Visconti (**La terra trema** *La terre tremble*, 1948). Très marqué par l'engagement politique et social aux côtés des classes populaires fortement affaiblies par le récent conflit, le néoréalisme se voulait être un cinéma du réel, entièrement tourné avec des acteurs non professionnels. La comédie à l'italienne est un genre certainement plus commercial, mais à la dignité artistique non moindre : à partir des années cinquante, Pietro Germi (**Divorzio all'italiana,** *Divorce à l'italienne*, 1962), Mario Monicelli (**I soliti ignoti**, *Le pigeon*, 1958) et Dino Risi (**I mostri**, *Les monstres*, 1963) ont porté sur la société italienne un regard fortement teinté d'humour noir. Les acteurs Ugo Tognazzi, Alberto Sordi,

Marcello Mastroianni et Vittorio Gassmann ont rendu ces films célèbres dans le monde entier. **Il cinepanettone**, lui, est une forme du cinéma comique extrêmement commercial, créé au cours des années 1990 par le fils de Vittorio De Sica, Christian De Sica. Son nom, dérivé du gâteau de Noël **il panettone**, vient du fait que ces comédies sortent pendant les fêtes, où les gens vont plus souvent au cinéma.

GRAMMAIRE ET CONJUGAISON
LE SUBJONCTIF IMPARFAIT ET PLUS-QUE-PARFAIT

Ces deux temps s'utilisent exactement dans les mêmes cas où s'utilisent le présent et le passé, mais quand dans la proposition principale dont le subjonctif dépend il y a un verbe à un temps passé ou au conditionnel.

Voyons d'abord les formes, dans le tableau ci-dessous :

SUBJONCTIF IMPARFAIT

	avere	essere	parlare	prendere	finire
io	avessi	fossi	parlassi	prendessi	finissi
tu	avessi	fossi	parlassi	prendessi	finissi
lui, lei, Lei	avesse	fosse	parlasse	prendesse	finisse
noi	avessimo	fossimo	parlassimo	prendessimo	finissimo
voi	aveste	foste	parlaste	prendeste	finiste
loro	avessero	fossero	parlassero	prendessero	finissero

Comme pour l'imparfait de l'indicatif, il n'y a qu'une forme pour les verbes du troisième groupe.

La plupart des verbes irréguliers sont réguliers au subjonctif imparfait, c'est-à-dire que celui-ci est construit sur le radical de l'infinitif, par exemple pour **andare** : **andassi, andassi, andasse, andassimo, andaste, andassero.**

SUBJONCTIF PLUS-QUE-PARFAIT

Comme le subjonctif passé, il est simplement formé du subjonctif imparfait de l'auxiliaire suivi du participe passé du verbe, par exemple pour **scegliere** :
avessi scelto, avessi scelto, avesse scelto, avessimo scelto, aveste scelto, avessero scelto.

Si le temps de la proposition principale est au passé et ce qu'exprime le subjonctif qui en dépend est simultané, on utilise l'imparfait :

Pensavo che tu facessi un errore. *Je pensais que tu faisais une erreur.*

Si ce qu'exprime le subjonctif précède dans le temps, on utilise le plus-que-parfait :
Pensavo che tu avessi fatto un errore. *Je pensais que tu avais fait une erreur.*
Avec le conditionnel, on utilise toujours le subjonctif imparfait ou plus-que-parfait :
Vorrei che tu non facessi questo errore. *Je voudrais que tu ne fasses pas cette erreur.*
Mi piacerebbe che tu non avessi fatto questo errore. *J'aimerais que tu n'aies pas fait cette erreur.*

Pour que cela soit encore plus clair, voici un tableau où la même phrase est présentée dans plusieurs configurations temporelles :

proposition principale	subordonnée	proposition principale	subordonnée
dans le présent			
Spero che tu stia bene.		Spero che tu sia stato bene.	
présent de l'indicatif	présent du subjonctif	présent de l'indicatif	subjonctif passé
J'espère que tu te sens bien.		*J'espère que tu t'es senti bien.*	
dans le passé			
Speravo che tu **stessi** bene.		**Speravo** che tu **fossi stato** bene.	
imparfait de l'indicatif (ou autre temps passé)	subjonctif imparfait	imparfait de l'indicatif (ou autre temps passé)	subjonctif plus-que-parfait
J'espère que tu te sentais bien.		*J'espère que tu t'étais senti bien.*	

LE SUBJONCTIF DANS DES PHRASES FINALES ET ADVERSATIVES

On utilise le subjonctif dans des phrases finales, dans des expressions indiquant donc un but à atteindre, après les conjonctions **perché**, *pour que*, et **affinché**, *afin que*. **Non dicevo questo perché tu cambiassi idea** *Je ne disais pas cela pour que tu changes d'avis.* On l'utilise aussi simplement après **che** : **film che vogliano dire qualcosa** *dont le but soit de dire quelque chose*, **un regista diverso, che mi piaccia davvero** *tel qu'il me plaise vraiment.* Dans ces deux dernières phrases, remarquez de nouveau la nuance de virtualité, puisqu'on ne parle pas d'un film réel ou d'un réalisateur existant, mais de deux entités idéales, telles que Simona les voudrait.

On trouve également le subjonctif dans des phrases adversatives introduites par **benché** ou **nonostante**, *bien que* : **nonostante io cerchi di non essere pessimista** *bien que j'essaie de ne pas être pessimiste.*

VOCABULAIRE

l'allegria *l'allégresse*
l'amicizia *l'amitié*
l'autore *l'auteur*
le battute *les boutades* (**la battuta** *la boutade*)
il bicchiere *le verre*
la carità *la charité*
in carne ed ossa *en chair et en os* (**la carne** *la chair* ; **le ossa** *les os*)
la celluloide *le celluloïd*
il cervello *le cerveau*
la commedia *la comédie*
i crimini *les crimes* (**il crimine** *le crime*)
degno *digne*
delusa *déçue* (**deluso** *déçu*)
denunciare *dénoncer*
il dopoguerra *l'après-guerre*
l'evasione *l'évasion*
imitare *imiter*
impegnati *engagés* (**impegnato** *engagé*)
l'intervallo *l'entracte*
il lampadari *les lustres* (**il lampadario** *le lustre*)
i maestri *les maîtres* (**il maestro** *le maître*)
il neorealismo *le néoréalisme*
il palcoscenico *la scène*
il passatempo *le passe-temps*
il passato *le passé*
i personaggi *les personnages* (**il personaggio** *le personnage*)
pessimista *pessimiste*
le poltroncine *les fauteuils* (diminutif de **le poltrone**)
il regista *le réalisateur*
il ridotto *le foyer*
la sala *la salle*
gli sceneggiati *les séries télé* (**lo sceneggiato** *la série télé*)
sentimentale *sentimental(e)*
il sipario *le rideau*
lo spumante *le mousseux*
stasera *ce soir*
lo stile *le style*
stupide *stupides* (**stupida** *stupide*)
il teatro *le théâtre*
televisivi *télévisuels* (**televisivo** *télévisuel*)
il velluto *le velours*
la/le volgarità *la (les) vulgarité(s)*

● EXERCICES

1. COMPLÉTEZ EN CONJUGUANT LES VERBES DE LA PHRASE MODÈLE À L'IMPARFAIT OU AU PLUS-QUE-PARFAIT DU SUBJONCTIF.

a. Spero che veniate da me. Speravo ....

b. Sono contento che tu sia arrivata così presto. Ero contento ....

c. Ci sembra che siate stati molto chiari. Ci sembrava ....

d. Dubito che dicano la verità. Dubitavo ....

2. CONJUGUEZ LE VERBE DE CHAQUE PHRASE À LA PERSONNE INDIQUÉE ENTRE PARENTHÈSES.

a. Speravo che loro fossero andati a lavorare. (tu)

→ ....

b. Credevo che lei avesse fatto un buon acquisto. (voi)

→ ....

c. Mi faceva piacere che tu fossi venuta a Milano. (voi)

→ ....

d. Mi sembrava che lui avesse mangiato troppo. (loro)

→ ....

3. TRADUISEZ LES PHRASES SUIVANTES.

a. Ils feront. → ....

b. Tu choisirais. → ....

c. Nous faisons. → ....

d. Vous verrez. → ....

e. Vous verriez. → ....

● 4. ÉCOUTEZ L'ENREGISTREMENT ET COMPLÉTEZ LES PHRASES SUIVANTES.

a. Preferisci il cinema o il teatro? – Mi piacciono ....

b. Non mi piacciono i film commerciali, preferisco il cinema d'..............

c. Volevo andare al cinema, ma ho cambiato .... : niente cinema, resto a casa.

d. Quel film è di un .... molto bravo: ha ottime recensioni sui giornali.

25.
ORGANISER UNE EXCURSION ENTRE AMIS

ORGANIZZARE UNA GITA TRA AMICI

OBJECTIFS	NOTIONS
• DÉCRIRE ET DÉCIDER UN ITINÉRAIRE	• LES PRINCIPALES PRÉPOSITIONS
• LE VOCABULAIRE DU PIQUE-NIQUE ET DE LA VIE EN PLEIN AIR	• LE CONDITIONNEL COMME « FUTUR DU PASSÉ »

EXCURSION DU LUNDI DE PÂQUES

Renato : Enfin le week-end de Pâques : nous pouvons nous reposer pendant trois jours !

Aurora : À vrai dire, nous avions dit à Susanna et à Federico que nous irions faire avec eux l'excursion du lundi de Pâques.

Renato : Bien sûr ! Mais c'est du repos même d'aller se promener dans les bois en colline, après une semaine dans la circulation de la ville.

Aurora : Oui, mais où allons-nous ?

Renato : Nous avions pensé au mont Lario, parce que du sommet on voit un très beau paysage, ensuite c'est une marche assez courte, au maximum en trois heures nous serons là-haut.

Aurora : Courte, tu dis ! [Appelle-la courte !] N'oublie pas qu'ensuite il faut aussi descendre ! Et avec tout ce que vous mangez et buvez aux pique-niques, vous les hommes, la descente sera dure !

Renato : À propos, nous devons aller faire les courses pour faire les sandwiches.

Aurora : Je les ai déjà faites ce matin, et autre chose que des sandwiches ! Federico a voulu que nous achetions deux poulets à la broche et des chips, et même le vin ! Imagine comme vous serez en forme ensuite pour descendre du mont Lario.

Renato : Et qui apporte les assiettes et les verres en plastique [en papier], les couverts et les petites serviettes ?

Aurora : Nous étions restés d'accord qu'ils les apporteraient, eux, mais je préfère ne pas me fier et je les ai pris aussi. Nous préparerons les sacs à dos la veille au soir [le soir avant]… Plutôt, as-tu pensé à l'itinéraire ?

Renato : Oui, je m'en souviens bien, nous y sommes allés peut-être vingt fois… Nous allons en voiture jusqu'à l'esplanade Cantini, de là nous montons à pied au refuge Mazzini et là, au lieu de continuer sur le plateau, nous prenons le sentier au milieu des bois, celui qui va dans la vallée Tana ; au col de la Nena, on coupe à droite et l'on arrive tout droit au mont Lario.

Aurora : Mais on ne l'allonge pas trop, ainsi ? Du refuge Mazzini, il y a un raccourci très pratique pour le col de la Nena, sans passer par les bois : ce sentier-là est à l'ombre et parfois il y fait un froid terrible.

Renato : J'étais sûr que tu ne voudrais pas passer par les bois, avec le prétexte du froid : dis plutôt que tu as peur des vipères, parce qu'une fois, il y a dix ans, nous en avons vue une… Moi, au contraire, j'aime le bois justement parce qu'il est frais et qu'il est plein d'écureuils, de marmottes et de petits animaux magnifiques.

Aurora : D'accord, faisons donc ce chemin à l'allée, mais tu verras qu'au retour nous le raccourcirons, parce qu'avec tout ce que vous aurez mangé, vous voudrez forcément prendre le raccourci. Et puis, si dans le bois il fait froid, cela risque de vous bloquer la digestion !

GITA DI PASQUETTA

Renato: Finalmente il fine settimana di Pasqua: ci possiamo riposare per tre giorni!

Aurora: A dire il vero, avevamo detto a Susanna e a Federico che saremmo andati a fare con loro la gita di Pasquetta.

Renato: Certo! Ma è riposo anche andare a passeggiare per i boschi in collina, dopo una settimana nel traffico della città.

Aurora: Sì, ma dove andiamo?

Renato: Avevamo pensato al monte Lario, perché dalla cima si vede un bellissimo panorama, poi è una camminata abbastanza corta, al massimo in tre ore saremo lassù.

Aurora: Chiamala corta! Guarda che poi bisogna anche scendere! E con tutto quello che mangiate e bevete voi uomini ai picnic, la discesa sarà dura!

Renato: A proposito, dobbiamo andare a fare la spesa per fare i panini.

Aurora: L'ho già fatta io stamattina, ed altro che panini! Federico ha voluto che comprassimo due polli allo spiedo e le patatine, e anche il vino! Figurati come sarete in forma poi per scendere dal monte Lario.

Renato: E chi porta piatti e bicchieri di carta, posate e tovagliolini?

Aurora : Eravamo rimasti d'accordo che li avrebbero portati loro, ma preferisco non fidarmi e li ho presi anch'io. Prepareremo gli zaini la sera prima… Piuttosto, hai pensato all'itinerario?

Renato: Sì, me lo ricordo bene, ci saremo stati venti volte… Andiamo in macchina fino al piazzale Cantini, da lì saliamo a piedi al rifugio Mazzini e là, invece di continuare sull'altopiano prendiamo il sentiero tra i boschi, quello che va in Val Tana; al passo della Nena, si taglia a destra e si arriva dritti al monte Lario.

Aurora: Ma così non la si allunga troppo? Dal rifugio Mazzini c'è una scorciatoia comodissima per il passo della Nena, senza passare per i boschi: quel sentiero è all'ombra e ci fa un freddo terribile.

Renato: Ero sicuro che non saresti voluta passare per i boschi, con la scusa del freddo: di' piuttosto che hai paura delle vipere, perché una volta dieci anni fa, ne abbiamo vista una… A me invece il bosco piace proprio perché è fresco e pieno di scoiattoli, di marmotte e di animaletti bellissimi.

Aurora: Va bene, facciamo pure quella strada all'andata, ma vedrai che al ritorno l'accorceremo, perché con tutto quello che avrete mangiato, vorrete per forza prendere la scorciatoia. E poi, se nel bosco fa freddo, rischia di bloccarvi la digestione!

■ COMPRENDRE LE DIALOGUE
UN EMPLOI IDIOMATIQUE PARTICULIER DU VERBE CHIAMARE

Remarquez l'utilisation de **chiamare** pour critiquer, voire nier, ce que dit l'interlocuteur. **Ho mangiato pochi spaghetti. – Chiamali pochi! Ne avrai mangiato mezzo chilo!** *J'ai mangé peu de spaghettis. – Peu, tu parles ! Tu dois en avoir mangé une livre !*

UOMO, UOMINI

Le pluriel de **l'uomo** est irrégulier, et c'est **gli uomini**.

NOTE CULTURELLE

Le lundi de Pâques s'appelle **il lunedì dell'Angelo**, en souvenir de l'ange qui annonce, dans l'Évangile, la résurrection du Christ, mais les italiens appellent plus familièrement **Pasquetta** *Petites Pâques* cette fête pendant laquelle par tradition on organise des pique-niques dans la nature. Il n'est pas rare de voir des dizaines de familles sur une pelouse à la campagne manger des **panini**… et bien davantage !

◆ GRAMMAIRE
LE CONDITIONNEL COMME « FUTUR DU PASSÉ »

Quand dans une proposition subordonnée un verbe exprime un fait ou une action postérieure dans le temps à ce qu'exprime la proposition principale, ce fait constitue le futur par rapport à cette dernière : c'est le « futur du passé », et si en français on le rend par le conditionnel présent, en italien c'est le conditionnel passé qui est destiné à cette fonction. **Avevamo detto che saremmo andati a fare una gita.** *Nous avions dit que nous irions faire une excursion.*
Cela correspond à une phrase, un projet, exprimé au futur dans le passé :
Avevamo detto: – **Andremo a fare una gita.** *Nous avions dit : – Nous irons faire une excursion.*

LES PRINCIPALES PRÉPOSITIONS

Dans les leçons précédentes nous avons vu quelques prépositions un peu dans le désordre. Voici un tableau récapitulatif des plus importantes d'entre elles :

a	di	da	in
Direction d'un mouvement : **Vado a Roma.** *Je vais à Rome.* **Vado a lavorare.** *Je vais travailler.*	Propriété : **la macchina di Giulia** *la voiture de Giulia*	Provenance et distance : **Vengo da Milano.** *Je viens de Milan.* **Abito a tre chilometri da Milano.** *J'habite à 3 km de Milan.* **Siamo lontani da Torino?** *Sommes-nous loin de Turin?*	*dans* et *en* dans les expressions locatives : **Abito in Italia.** *J'habite en Italie.*
État dans un lieu : **Abito a Roma.** *J'habite à Rome.*	L'argument : **un libro di storia** *un livre d'histoire*	Complément d'agent dans une phrase passive : **È stato visto da tutti.** *Il a été vu par tout le monde.*	*en* dans les expressions temporelles : **L'ho fatto in due ore.** *Je l'ai fait en deux heures.*
Dans les expressions locatives : **vicino a** *près de* **davanti a** *devant* **di fronte a** *en face de* **in mezzo a** *au milieu de* **intorno a** *autour de* **di fianco a** *sur le côté de*	Le contenu : **una tazza di caffè** *une tasse de café*	Le contenant : **una tazza da caffè** *une tasse à café*	Expression de quantités : **Veniamo in due.** *Nous venons à deux.*
	Avec les adverbes : **prima di** *avant* **invece di** *au lieu de*	*depuis* **Ti aspetto da due ore.** *Je t'attends depuis deux heures.*	
	Dans les expressions : **Credo di no.** *Je crois que non.* **Dico di sì.** *Je dis oui.*	*chez* **Vieni a mangiare da noi?** *Viens-tu manger chez nous?*	Complément de moyen : **Sono venuta in treno.** *Je suis venue en train.*
	Dans les expressions temporelles : **di giorno, di sera, di domenica** *le jour, le soir, le dimanche*	Destination d'une action : **È una cosa da fare.** *C'est une chose à faire.*	

con	su	per	tra, fra
avec **Abito con Paolo**. J'habite avec Paolo. **Lavora con cura**. Il travaille avec soin.	sur **L'ho dimenticato sul tavolo**. Je l'ai oublié sur la table.	pour dans les expressions de cause et de but : **Sono tornato a casa per il gran freddo**. Je suis rentré à cause du grand froid. **Sono venuto per questo**. Je suis venu pour cela.	entre deux : **fra me e te** entre toi et moi
Complément de moyen : **Sono arrivata con il treno delle due e mezzo**. Je suis arrivée par le train de deux heures et demie.	Approximation : **un giovane sui vent'anni** un jeune homme qui pouvait avoir vingt ans	Destination : **Ho preso il treno per Roma**. J'ai pris le train pour Rome.	parmi plusieurs : **fra noi tutti** parmi nous tous
		Mouvement circonscrit : **Passeggiamo per la città**. Nous nous promenons dans la ville.	dans au sens temporel de délai : **Vengo tra due ore**. Je viens dans deux heures.

● EXERCICES

1. COMPLÉTEZ PAR LA PRÉPOSITION OU ARTICLE CONTRACTÉ (PRÉPOSITION + ARTICLE) ADAPTÉS.

a. .... che ora parte il tuo treno?

b. Vivo .... la mia famiglia.

c. Abita e lavora .... Inghilterra.

d. Siamo partiti molto presto, ... cinque.

e. Sono partito con degli amici, eravamo .... cinque.

f. Sono stato molto tempo lontano .... Italia.

g. Vieni a cenare .... noi, abitiamo qui vicino.

h. Questo film è stato realizzato .... un bravissimo regista.

i. Sto partendo ora da casa, arriverò.............. un'ora.

●VOCABULAIRE

accorciare raccourcir
allungare rallonger
l'altopiano le plateau
l'andata l'aller
animaletti petits animaux
    (**gli animali** les animaux)
bloccare bloquer
il bosco le bois (**i boschi** les bois)
la camminata la marche
la carta le papier
la cima le sommet
la collina la colline
corta courte (**corto** court)
la digestione la digestion
la discesa la descente
la forma la forme
fresco frais
la gita l'excursion
l'itinerario l'itinéraire
lassù là-haut
le marmotte les marmottes
    (**la marmotta** la marmotte)
il monte le mont
l'ombra l'ombre
le ore les heures (**l'ora** l'heure)
i panini les sandwiches
    (**il panino** le sandwich)
il panorama le paysage
passeggiare se promener
il passo le col (de montagne)
le patatine les chips, les frites
    (**le patate** les pomme de terre)
la paura la peur
i piatti les assiettes (**il piatto** l'assiette)
il piazzale l'esplanade
il picnic le pique-nique
i polli les poulets (**il pollo** le poulet)
le posate les couverts (**la posata** le couvert)
il rifugio le refuge
riposarsi se reposer
il riposo le repos
gli scoiattoli les écureuils
    (**lo scoiattolo** l'écureuil)
la scorciatoia le raccourci
la scusa le prétexte
il sentiero le sentier
lo spiedo la broche
tagliare couper
terribile terrible
i tovagliolini les petites serviettes
    (diminutif de **i tovaglioli** ;
    il tovagliolo la serviette)
il vino le vin
le vipere les vipères (**la vipera** la vipère)
gli zaini les sacs à dos (**lo zaino** le sac à dos)

2. TOURNEZ LA PHRASE AU PASSÉ EN UTILISANT LE « FUTUR DU PASSÉ ».

a. Decidiamo che faremo una gita insieme.

→ Avevamo deciso ....

b. È sicuro che andrà a Napoli.

→ Era sicuro ....

c. Mi dicono che partiranno per l'America.

→ Mi dicevano ....

d. Racconta che studierà all'estero.

→ Raccontava che ....

3. ÉCOUTEZ ET COMPLÉTEZ CES PHRASES.

27

a. Dalla .... del monte Lario si vede un bellissimo panorama.

b. Per fare prima, invece di prendere il sentiero normale, prenderemo una ....

c. Faremo una strada all' .... ed una diversa al ritorno.

26.
VISITER UNE EXPOSITION

VISITARE UNA MOSTRA D'ARTE

OBJECTIFS

- PARLER D'ART
- EXPRIMER ET MOTIVER SES GOÛTS ESTHÉTIQUES
- FORMULER DES HYPOTHÈSES

NOTIONS

- LA PHRASE HYPOTHÉTIQUE
- LES VERBES IRRÉGULIERS : DISTRARRE, DISTRARSI

VIE D'ARTISTE

Caterina : Cette exposition est vraiment très belle : heureusement que nous sommes venus, n'est-ce pas ?

Alessandro : Heureusement que nous l'avons su ; qui sait combien d'expositions nous avons ratées faute [manque] d'information.

Caterina : Si nous lisions plus souvent les journaux, nous serions peut-être davantage renseignés.

Alessandro : C'est vrai : cette fois-ci aussi, si nous n'avions pas lu le journal par hasard au café, nous ne l'aurions pas su

Caterina : Ou comme d'habitude nous l'aurions appris un mois après la fermeture, et nous aurions dit : quel dommage !

Alessandro : D'ailleurs, si je lis le journal le matin au bureau, ou même si seulement je me distrais une minute, mon chef m'en dit de toutes les couleurs ! Et l'après-midi, quand je rentre chez moi, je n'ai pas envie de me mettre à lire. [qui est-ce qui a envie de se mettre à lire ?]

Caterina : Allez, ne parlons pas de choses tristes, profitons de ces merveilles ! En tout cas, si tu es au courant d'autres expositions comme celle-ci, tu me le diras et nous irons sûrement. Ce peintre sait faire vraiment de tout : des portraits, des paysages, des natures mortes, même des tableaux abstraits, même si moi, je préfère toujours la peinture figurative.

Alessandro : Dans la salle précédente, il y avait aussi ses sculptures, des bas-reliefs et des statues en ronde bosse.

Caterina : Moi je l'aime surtout comme peintre : il a une palette vraiment très riche, avec de larges coups de pinceau qui laissent sur la toile une grosse épaisseur de couleur : une peinture vraiment passionnante, tu ne trouves pas ?

Alessandro : Même dans les sculptures, on dirait qu'il agresse le bloc de marbre avec son burin, et en tout cas il le laisse toujours brut, sans le polir, comme un témoignage de sa lutte avec la matière.

Caterina : À ses débuts, il a été beaucoup critiqué, tu sais, parce qu'il était considéré comme un artiste conservateur, justement pour son rapport fort avec la tradition des grands artistes de la Renaissance et du baroque italien. C'étaient les années de l'art conceptuel et de l'arte povera, où l'on proclamait la mort de l'art et l'on critiquait le travail humble de l'artiste dans son atelier, les heures passées à faire des esquisses et des études sur papier avec un simple crayon ou à aller à l'aube dans la campagne avec une toile et un chevalet chercher des sujets à peindre d'après nature.

Alessandro : On dirait que tu es en train de parler de la vie d'un saint martyr !

Caterina : Mais tu te rends compte de combien de sacrifices la vie d'un artiste est faite ?

Alessandro : Écoute, si c'est ainsi, je ne suis pas si mal au bureau : mon chef me redevient sympathique !

VITA D'ARTISTA

Caterina: Questa mostra è davvero bellissima; meno male che siamo venuti, vero?

Alessandro: Meno male che l'abbiamo saputo; chissà quante mostre ci siamo persi per mancanza di informazione.

Caterina: Se leggessimo più spesso i giornali, forse saremmo più informati.

Alessandro: È vero: anche questa volta, se non avessimo letto il giornale per caso al bar, non l'avremmo saputo.

Caterina: O come al solito l'avremmo imparato un mese dopo la chiusura, e avremmo detto: che peccato!

Alessandro: Del resto, se leggo il giornale alla mattina in ufficio, o anche solo se mi distraggo un minuto, il mio capo me ne dice di tutti i colori! E al pomeriggio, quando torno a casa, chi ha voglia di mettersi a leggere?

Caterina: Dai, non parliamo di cose tristi, godiamoci queste meraviglie. In ogni caso, se verrai a sapere di altre mostre come questa, me lo dirai e ci andremo di sicuro. Questo pittore sa fare proprio di tutto: ritratti, paesaggi, nature morte, persino quadri astratti, anche se io preferisco sempre la pittura figurativa.

Alessandro: Nella sala precedente c'erano anche sue sculture, sia bassorilievi che statue a tutto tondo.

Caterina: A me piace soprattutto come pittore: ha una tavolozza veramente ricchissima, con larghe pennellate che lasciano sulla tela un grosso spessore di colore: una pittura davvero emozionante, non trovi?

Alessandro: Anche nelle sculture sembra che aggredisca il blocco di marmo con lo scalpello, ed in ogni caso lo lascia sempre grezzo, senza lucidarlo, come una testimonianza della sua lotta con la materia.

Caterina: Ai suoi esordi è stato tanto criticato, sai, perché era considerato un artista conservatore, proprio per il suo legame forte con la tradizione dei grandi artisti del Rinascimento e del barocco italiano. Erano gli anni dell'arte concettuale e dell'arte povera, in cui si proclamava la morte dell'arte e si criticava il lavoro umile dell'artista nel suo studio, le ore passate a fare schizzi e studi su carta con una semplice matita o ad andare all'alba per la campagna con tela e cavalletto a cercare soggetti da dipingere dal vero.

Alessandro: Sembra che tu stia parlando della vita di un santo martire!

Caterina: Ma ti rendi conto di quanti sacrifici è fatta la vita di un artista?

Alessandro: Guarda, se è così non sto poi così male in ufficio: il mio capo mi ridiventa simpatico!

■ COMPRENDRE LE DIALOGUE
ENCORE DES « FAUX » RÉFLÉCHIS

Remarquez l'utilisation des formes pronominales dans un sens hyperbolique, comme **ci siamo persi una mostra** *nous avons raté une exposition*. Bien sûr, il est possible de dire la même chose par **abbiamo perso una mostra**, mais avec une nuance moins forte. D'autre part, il existe également l'emploi propre, donc sans complément d'objet direct, de la forme réfléchie de **p**e**rdere** : **ci siamo persi** *nous nous sommes perdus*. Ces formes pronominales impropres sont toujours suivies d'un C.O.D. : **godi**a**moci queste meraviglie** *profitons de ces merveilles*, et aussi **mi faccio una bella vacanza** *je fais de belles vacances*.

VENIRE A SAPERE

C'est une expression qui signifie *être mis au courant, apprendre une information (de quelqu'un)*. **Come lo sei venuto a sapere?** *Comment l'as-tu appris ?*

NOTE CULTURELLE

L'arte po**vera** est un mouvement artistique né dans les années soixante du siècle dernier en Italie : par provocation vis-à-vis des principes et des techniques de l'art académique, on choisit d'utiliser des matériaux « pauvres » comme le bois, le fer, la terre, et souvent des déchets industriels, en exprimant ainsi sa critique de la société actuelle. Malgré les ressemblances que ses œuvres présentent avec celles de l'« art brut », **l'arte p**o**vera** n'a rien du primitivisme naïf de celui-ci, et reste au contraire l'expression très intellectualisée d'une élite d'artistes d'avant-garde, comme Michelangelo Pistoletto, Giovanni Anselmo, Giulio Paolini, etc.

◆ GRAMMAIRE
LA PHRASE HYPOTHÉTIQUE

Cette structure syntaxique est assez complexe : nous l'introduisons juste pour l'instant.
• Par rapport au français, remarquez que le verbe à l'imparfait de l'indicatif est en italien à l'imparfait du subjonctif, alors que le conditionnel reste tel quel en italien :

Se legge**ssimo i giornali, saremmo più informati.**
imparfait du subjonctif   conditionnel présent
Si nous lisions les journaux, nous serions davantage informés.
imparfait de l'indicatif   conditionnel présent

• Si l'hypothèse se réfère au passé, on aura le plus-que-parfait du subjonctif et le conditionnel passé :

Se non av_e_ssimo letto il giornale, non l'avremmo saputo.
plus-que-parfait du subjonctif   conditionnel passé
Si nous n'avions pas lu le journal, nous ne l'aurions pas su.
plus-que-parfait de l'indicatif   conditionnel passé

• Comme en français, l'hypothèse peut être présentée comme chose certaine (ce n'est donc pas une vraie hypothèse), et dans ce cas on utilise alors le présent de l'indicatif :

Se leggo il giornale in ufficio,
se mi distraggo un minuto, il mio capo me ne dice di tutti i colori.
indicatif présent   indicatif présent
Si je lis le journal au bureau,
si je me distrais une minute, mon chef m'en dit de toutes les couleurs.
indicatif présent   indicatif présent

• Ce n'est pas une vraie hypothèse, puisque le sens est : *quand je lis le journal…* Dans ce type de phrase, on peut avoir aussi le futur, ce qui n'est pas possible en français :

Se verrai a sapere di altre mostre, me lo dirai e ci andremo.
indicatif futur   indicatif futur
Si tu es au courant d'autres expositions, tu me le diras et nous irons.
indicatif présent   indicatif futur

▲ CONJUGAISON
D'AUTRES VERBES IRRÉGULIERS

Nous avons rencontré dans le dialogue un nouveau verbe irrégulier, **distrarre** *distraire*, ici utilisé à la forme réfléchie **mi distraggo** *je me distrais*. **Distrarre** vous servira comme modèle pour la conjugaison de plusieurs verbes irréguliers se terminant par **-trarre**, tous composés du verbe **trarre** *tirer* : **attrarre** *attirer* ; **contrarre** *contracter* ; **sottrarre** *soustraire*. En voici le présent de l'indicatif :

distraggo	**distraiamo**
distrai	**distraete**
distrae	**distr_a_ggono**

Le participe passé est **distratto**, le gérondif **distraendo**, le futur (1re personne) **distrarrò**.

235

● EXERCICES

1. COMPLÉTEZ PAR LA PRÉPOSITION OU ARTICLE CONTRACTÉ (PRÉPOSITION + ARTICLE) ADAPTÉS.

a. Abitiamo .... Italia.

b. Vivete .... Milano.

c. Vivo qui .... tre anni e questa città mi piace molto.

d. La mia casa è proprio di fronte .... museo archeologico.

2. COMPLÉTEZ LES PHRASES HYPOTHÉTIQUES SUIVANTES AVEC LE VERBE ENTRE PARENTHÈSES CONVENABLEMENT CONJUGUÉ.

a. Se .... per Roma, veniamo di certo da voi. (passare)

b. Se .... comprare una macchina nuova, lo faranno di sicuro. (potere)

c. Se ....ricco, mi comprerei una macchina sportiva. (essere)

d. Se .... quel film entrambi, ora potremmo parlarne. (vedere)

3. TRADUISEZ LES PHRASES SUIVANTES.

a. Si tu veux me parler, je viens chez toi.

→ ....

b. Si je l'avais su, je ne serais pas venu.

→ ....

c. Si vous allez en France l'année prochaine, nous viendrons avec vous.

→ ....

d. Si tu étais ici, nous pourrions en parler.

→ ....

VOCABULAIRE

aggredire *agresser*
l'alba *l'aube*
l'arte *l'art (f.)*
l'artista *l'artiste* (**gli artisti** *les artistes*)
astratti *abstraits* (**astratto** *abstrait*)
barocco *baroque*
il bassorilievo *le bas-relief*
il blocco *le bloc*
la campagna *la campagne*
il capo *le chef*
il cavalletto *le chevalet*
chissà *qui sait*
la chiusura *la fermeture*
concettuale *conceptuel*
conservatore *conservateur*
considerare *considérer*
criticare *critiquer*
dipingere *peindre*
emozionante *passionnant, émouvant*
gli esordi *les débuts* (**l'esordio** *le début*)
figurativa *figurative* (**figurativo** *figuratif*)
godersi *profiter de* (**godere** *jouir*)
grezzo *brut*
larghe *larges* (**largo** *large*)
il legame *le lien*
la lotta *la lutte*
lucidare *polir*
la mancanza *le manque*
il marmo *le marbre*
il martire *le martyr*
la materia *la matière*
la matita *le crayon*
la morte *la mort*
la mostra *l'exposition*
le nature morte *les natures mortes* (**la natura** *la nature*)
i paesaggi *les paysages* (**il paesaggio** *le paysage*)
peccato *dommage* (**il peccato** *le péché*)
le pennellate *les coups de pinceau* (**la pennellata** *le coup de pinceau*)
la pittura *la peinture*
povera (povero) *pauvre*
proclamare *proclamer*
ricchissima *très riche* (**ricco** *riche*)
il Rinascimento *la Renaissance*
i ritratti *les portraits* (**il ritratto** *le portrait*)
i sacrifici *les sacrifices* (**il sacrificio** *le sacrifice*)
il santo *le saint*
lo scalpello *le burin*
gli schizzi *les esquisses* (**lo schizzo** *l'esquisse*)
le sculture *les sculptures* (**la scultura** *la sculpture*)
i soggetti *les sujets* (**il soggetto** *le sujet*)
lo spessore *l'épaisseur*
la statua *la statue*
lo studio *l'atelier*
la tavolozza *la palette*
la tela *la toile*
la testimonianza *le témoignage*
tondo *rond*
la tradizione *la tradition*
tristi *tristes* (**triste** *triste*)
umile *humble*
la voglia *l'envie*

237

4. COMPLÉTEZ LES PHRASES HYPOTHÉTIQUES SUIVANTES AVEC LE VERBE ENTRE PARENTHÈSES CONJUGUÉ AU MODE ET AU TEMPS ADAPTÉS.

a. Se mi scriverai, io di certo ti .... (rispondere)

b. Se mi avessi scritto, io di certo ti .... (rispondere)

c. Se foste venuti a quella mostra, ... dei quadri bellissimi. (vedere)

d. Se abitaste più vicini a casa nostra, noi .... più spesso da voi. (venire)

5. ÉCOUTEZ L'ENREGISTREMENT ET COMPLÉTEZ CES PHRASES.

a. Io e mio marito ci siamo .... molte mostre per mancanza di informazione.

b. L'abbiamo imparato un mese dopo la chiusura, e ci siamo detti: che .... !

c. C'è chi ama l'arte astratta, ma io preferisco la pittura ....

d. Se mi .... anche solo un minuto, il mio capo me ne dice di tutti i colori!

27.
AU RESTAURANT

AL RISTORANTE

OBJECTIFS

- **CHOISIR DES PLATS DANS UNE CARTE DE RESTAURANT**
- **PARLER DE SES GOÛTS ALIMENTAIRES**
- **LES NOMS DES PLAT ET DES RESTAURANTS**

NOTIONS

- **LES TROIS TYPES DE PHRASES HYPOTHÉTIQUES**

À L'AUBERGE

Elena : Cette auberge est très belle ! Regarde, même les fourchettes, les couteaux et les cuillères, semblent des objets d'art ! Comment l'as-tu connue ?

Roberto : J'ai lu la critique sur une revue de cuisine.

Elena : Je ne savais pas que tu lisais des revues de cuisine !

Roberto : Oh, tu sais, c'est un peu une mode : on en parle tellement que la curiosité m'est venue. J'ai commencé en regardant les émissions de cuisine à la télévision, ensuite j'ai essayé de cuisiner quelques plats en suivant la recette. Mais à vrai dire [pour dire la vérité], j'aime davantage aller dans les bons restaurants comme celui-ci ! Qu'en dis-tu de donner un coup d'œil à la carte ? Je ne voudrais pas que le garçon arrive et que nous ne soyons pas prêts pour commander.

Elena : Bien sûr ! Que me conseilles-tu comme entrée ? Que racontait ta revue ?

Roberto : Écoute, d'habitude, si une critique conseille une spécialité en particulier, je la prends toujours, mais cette fois-ci elle parlait seulement d'un excellent foie à la façon de Vicence, et rien sur les entrées. Prends donc ce qui te plaît, ensuite nous aussi nous jugerons, comme si nous étions deux journalistes qui doivent écrire une critique, justement.

Elena : En tout cas, si le journal me conseillait un plat qui ne me plaît pas, je ne le prendrais pas ! J'ai des goûts assez simples: je prends des penne à la sauce bolognaise.

Roberto : Moi, je préfère les farfalle à la sauce au lièvre. Si ça se trouve, c'est du vrai gibier. Ils ont ouvert la chasse juste la semaine dernière.

Elena : Quelle horreur ! Je suis pour l'abolition de cette barbarie ! Tu vois ? Si ton journal avait conseillé un plat à base de gibier, je n'aurais certainement pas suivi son conseil !

Roberto : D'accord, d'accord, calme-toi… Je prends un potage, si tu veux… Donc j'imagine qu'en plat principal, tu ne voudras pas le ragoût de sanglier…

Elena : Mais même pas en rêve ! D'ailleurs, je n'ai pas assez faim pour manger un plat en plus. D'habitude, je déjeune avec une assiette de pâtes.

Roberto : Veux-tu que nous prenions un hors-d'œuvre, éventuellement végétarien ?

Elena : Non, non, ton gibier m'a coupé l'appétit… En revanche, j'ai soif, nous faisons apporter une bouteille d'eau minérale ?

Roberto : Tu la veux gazeuse ou plate ?

Elena : Comme tu veux.

Roberto : Quel vin choisissons-nous ? D'habitude, on boit du rouge avec la viande et du blanc avec le poisson, mais toi, tu ne manges ni l'un ni l'autre…

Elena : Je ne bois pas, merci, je ne bois jamais d'alcool.

Roberto : Quelle allégresse ! Et peut-être à la place du dessert un peu de bicarbonate pour digérer?

IN TRATTORIA

Elena: Questa trattoria è bellissima! Guarda: perfino le forchette, i coltelli e i cucchiai sembrano oggetti d'arte! Come l'hai conosciuta?

Roberto: Ho letto la recensione su una rivista di cucina.

Elena: Non sapevo che leggessi riviste di cucina!

Roberto: Oh, sai, è un po' una moda: se ne parla tanto che mi è venuta la curiosità. Ho cominciato a guardare delle trasmissioni alla televisione, poi ho provato a cucinare qualche piatto seguendo la ricetta. Ma per dire la verità, mi piace di più andare nei buoni ristoranti come questo! Che ne dici di dare un'occhiata al menù? Non vorrei che il cameriere arrivasse e che noi non fossimo pronti a ordinare.

Elena: Certo! Che cosa mi consigli come primo? Che cosa raccontava la tua rivista?

Roberto: Guarda, di solito, se una recensione consiglia una specialità in particolare, io la prendo sempre, ma questa volta parlava solo di un'ottimo fegato alla vicentina, e niente sui primi. Prendi pure quello che ti piace, poi giudicheremo anche noi, come se fossimo due giornalisti che devono scrivere una recensione, appunto.

Elena: In ogni caso, se il giornale consigliasse un piatto che non mi piace, io non lo prenderei! Ho dei gusti abbastanza semplici: prendo le penne al ragù.

Roberto: Io preferisco le farfalle al sugo di lepre. Magari è vera cacciagione. Hanno aperto la caccia proprio la settimana scorsa.

Elena: Che orrore! Io sono per l'abolizione di questa barbarie! Vedi? Se il tuo giornale avesse consigliato un piatto a base di cacciagione, io non avrei di certo seguito il suo consiglio!

Roberto: Va bene, va bene, calmati… Prendo una minestra in brodo, se vuoi… Quindi immagino che come secondo non vorrai lo spezzatino di cinghiale…

Elena: Ma neanche per sogno! E poi non ho abbastanza fame per mangiare anche il secondo. Di solito io pranzo con un piatto di pasta.

Roberto: Vuoi che prendiamo un antipasto, magari vegetariano?

Elena: No, no, la tua cacciagione mi ha fatto passare l'appetito… In compenso ho sete, facciamo portare una bottiglia d'acqua minerale?

Roberto: La vuoi gasata o naturale?

Elena: Come vuoi tu.

Roberto: Quale vino scegliamo? Di solito si beve rosso con la carne e bianco con il pesce, ma tu non mangi nè l'una nè l'altro…

Elena: Io non bevo, grazie, sono astemia.

Roberto: Che allegria! E magari al posto del dolce un po' di bicarbonato per digerire?

COMPRENDRE LE DIALOGUE
RESTAURANTS ET GASTRONOMIE ITALIENNE

On appelle les *restaurants* **ristorante**, **trattoria** ou même **osteria** selon l'image que l'on veut en donner : les deux derniers indiquaient autrefois une auberge, ou même une gargote, alors qu'aujourd'hui il s'agit toujours de restaurants, dont l'appellation évoque une cuisine plus ou moins « campagnarde » ou « faite maison ». La liste des plats s'appelle **il menù** et correspond à *la carte*, alors que *le menu* est **il menù fisso**, ou parfois **il menù turistico**. Dans ce **menù**, on commence par **l'antipasto** *le hors-d'œuvre*. L'entrée est **il primo**, presque toujours des pâtes assaisonnées avec des sauces diverses. **Il primo** est appelé également **la minestra**, **la minestra in brodo** étant donc des petites pâtes servies dans un bouillon. *Le plat principal* (à base de viande ou de poisson) est **il secondo**, **il dolce** est *le dessert*.

COME SE...

Après **come se**, il faut le subjonctif imparfait ou plus-que-parfait, comme dans les phrases hypothétiques. **Me lo chiedi come se fosse una cosa facile!** *Tu me le demandes comme si c'était une chose facile !* Dans le passé : **parlava fortissimo, come se fossimo stati lontani** *il parlait très fort, comme si nous avions été loin*.

ASTEMIO

C'est quelqu'un qui ne boit pas d'alcool, pour des raisons diverses. Assez courant en italien, ayant son correspondant en anglais, le mot *abstème* est rare en français, peut-être pour mieux défendre la viticulture hexagonale ?

NOTE CULTURELLE

Des *plumes* (**penne**) et des *papillons* (**farfalle**) dans l'assiette ? En effet, si vous connaissez un peu la cuisine italienne, vous savez qu'il existe de très nombreuses formes et variétés de pâtes (plus de deux cents), qui prennent des noms très imagés selon leur morphologie ou leur histoire. Nous avons ainsi **le orecchiette** *les petites oreilles*, **le linguine** *les petites langues*, **les reginette** *les petites reines*, **i cavatappi** *les tire-bouchons*, **le conchiglie** *les coquilles*, **le creste di gallo** *les crêtes de coq*, **le fisarmoniche** *les accordéons*, **le lumache** *les escargots*, et même **gli strozzapreti** *les étrangle-curés* !

◆ GRAMMAIRE
LES TROIS TYPES DE PHRASES HYPOTHÉTIQUES

Nous avons vu, dans la phrase hypothétique (en italien : **il periodo ipotetico**), que la proposition principale indique un fait dont la réalisation dépend de ce qu'indique la proposition subordonnée :

proposition subordonnée	proposition principale
Se domani farà bello	**andremo al mare.**
Si demain il fait [fera] beau,	*nous irons à la mer.*

Dans le dialogue au restaurant, nous avons rencontré trois phrases hypothétiques, dont les verbes changent selon le degré de probabilité de réalisation de l'hypothèse selon le locuteur, dans ce cas Roberto ou Elena :

Se una recensione consiglia una specialità in particolare, io la prendo sempre.
Roberto dit ici simplement ce qu'il fait quand cela arrive (que l'article conseille une spécialité) : *Si une critique conseille une spécialité en particulier, je la prends toujours.*

Se il giornale consigliasse un piatto che non mi piace, io non lo prenderei!
Elena dit ce qu'elle ferait au cas où cela arrivait (c'est une possibilité, une éventualité qui n'est pas arrivée, puisque le journal ne conseille aucun plat) : *Si le journal me conseillait un plat qui ne me plaît pas, je ne le prendrais pas !*

Se il tuo giornale avesse consigliato un piatto a base di cacciagione, io non avrei di certo seguito il suo consiglio! L'hypothèse d'Elena est ici tournée vers un passé qui ne s'est pas réalisé (puisqu'encore une fois, le journal n'a rien conseillé et qu'elle n'a pas eu à refuser ce conseil) : *Si ton journal avait conseillé un plat à base de gibier, je n'aurais certainement pas suivi son conseil !*

Il existe donc trois types de phrases hypothétiques :

1. Mode « réel » (periodo ipotetico della realtà)

C'est une supposition pure et simple, présentée de manière neutre et sans prendre position sur sa probabilité de réalisation. Dans ce cas, on utilise l'indicatif (présent ou futur) dans les deux propositions :

proposition subordonnée	proposition principale
Se fai presto	**arriverai in tempo.**
présent de l'indicatif	indicatif futur
Si tu fais vite,	*tu arriveras à temps.*

2. Mode « potentiel » (periodo ipotetico della possibilità)

Le locuteur qui formule l'hypothèse n'est pas certain de sa réalisation.
Le verbe de la proposition subordonnée est à l'imparfait du subjonctif, celui de la proposition principale est au conditionnel présent :

proposition subordonnée	proposition principale
Se facessi presto	**arriveresti in tempo.**
subjonctif imparfait	conditionnel présent
Si tu faisais vite,	*tu arriverais à temps.*

3. Mode « irréel » (periodo ipotetico dell'irrealtà, ou dell'impossibilità)

- **dans le présent** : il indique une hypothèse irréalisable dans le présent ou dans le futur, et utilise les mêmes temps verbaux que ceux du type précédent :

proposition subordonnée	proposition principale
Se io fossi in te	**non accetterei la sua proposta.**
subjonctif imparfait	conditionnel présent
Si j'étais à ta place,	*je n'accepterais pas sa proposition.*

L'on n'est jamais à la place d'un autre…

- **dans le passé** : l'hypothèse ne s'est pas réalisée.
La phrase est construite avec un verbe au subjonctif plus-que-parfait dans la proposition subordonnée, et au conditionnel passé dans la principale :

proposition subordonnée	proposition principale
Se avessi fatto presto	**saresti arrivato in tempo.**
subjonctif plus-que-parfait	conditionnel passé
Si tu avais fait vite,	*tu serais arrivé à temps.*

⬢ EXERCICES

1. COMPLÉTEZ PAR LA PRÉPOSITION OU L'ARTICLE CONTRACTÉ (PRÉPOSITION + ARTICLE) ADAPTÉS.

a. È molto bravo, lavora ………….. molta cura.

b. Siamo andati ………….. un ristorante cinque stelle.

c. Mi piace leggere riviste ………….. cucina.

d. Ieri hanno guardato un bel film ………….televisione.

● VOCABULAIRE

l'abolizione *l'abolition*
l'appetito *l'appétit*
la barbarie *la barbarie*
il bicarbonato *le bicarbonate*
la bottiglia *la bouteille*
il brodo *le potage, le bouillon*
la caccia *la chasse*
la cacciagione *le gibier*
calmarsi *se calmer*
il cameriere *le garçon (le serveur)*
il campo *le domaine*
la carne *la viande*
il cinghiale *le sanglier*
i coltelli *les couteaux* (**il coltello** *le couteau*)
consigliare *conseiller*
i cucchiai *les cuillères* (**il cucchiaio** *la cuillère*)
cucinare *cuisiner*
la curiosità *la curiosité*
digerire *digérer*
la fame *la faim*
il fegato *le foie*
le forchette *les fourchettes* (**la forchetta** *la fourchette*)
gasata *gazeuse* (**gasato** *gazeux*)
giudicare *juger*
in particolare *en particulier*
la lepre *le lièvre*
il menù *la carte*
minerale *minéral*
la moda *la mode*
l'occhiata *le coup d'œil*
gli oggetti *les objets* (**l'oggetto** *l'objet*)
ordinare *commander*
l'orrore *l'horreur*
il piatto *l'assiette et le plat*
raccontare *raconter*
il ragù *la sauce à la viande*
la ricetta *la recette*
la rivista *la revue*
la sete *la soif*
il sogno *le rêve*
la specialità *la spécialité*
lo spezzatino *le ragoût*
il sugo *le jus, la sauce*
le trasmissioni *les émissions* (**la trasmissione** *l'émission*)
la trattoria *l'auberge*
vegetariano *végétarien*
la verità *la vérité*
il vino *le vin*

e. La recensione non diceva niente .... primi di questa trattoria.

f. Avete mai mangiato le penne .... ragù?

g. .... solito, pranzo con un piatto di pasta e nient'altro

2. COMPLÉTEZ LES PHRASES HYPOTHÉTIQUES SUIVANTES AVEC LES VERBES ENTRE PARENTHÈSES CONJUGUÉS AUX MODES ET AUX TEMPS ADAPTÉS.

a. Te lo prometto: se domani lo .... gliene .... di sicuro. (incontrare – parlare)

b. Se io .... in te, ... meno. (essere – lavorare)

c. Se invece di perdere sempre il vostro tempo a giocare voi .... di più, ... ottimi risultati a scuola. (studiare – avere)

d. L'anno scorso, se invece di perdere il vostro tempo a giocare voi .... di più, ... ottimi risultati a scuola. (studiare – avere)

3. TRADUISEZ CES PHRASES.

a. Si je peux venir chez vous, je viendrai sûrement.

→ ....

b. J'ai choisi cette voiture parce qu'elle me plaît beaucoup.

→ ....

c. Tu ne fais aucun sport, mais tu devrais.

→ ....

d. Ils montent sur le sommet de la montagne.

→ ....

4. ÉCOUTEZ L'ENREGISTREMENT ET COMPLÉTEZ LES PHRASES.

a. Come .... prendo spaghetti al ragù.

b. Poi come .... uno spezzatino.

c. Ho letto una recensione di questa trattoria su una .... di cucina.

d. Con questo caldo non ho molta fame, ma ho ....

28.
FAIRE DU SHOPPING

FARE SHOPPING

OBJECTIFS

- **LE VOCABULAIRE DE L'HABILLEMENT ET DE LA MODE**
- **SE DÉPLACER DANS UN CENTRE COMMERCIAL**
- **ÉCHANGER DES OPINIONS OPPOSÉES ET DÉFENDRE SES GOÛTS**

NOTIONS

- **EXERCICES DE RÉVISION**

AU CENTRE COMMERCIAL

Marco : Je déteste ces horribles centres commerciaux, où l'on marche pendant des kilomètres sous les lumières au néon et l'on dépense la moitié de son salaire en achetant des choses inutiles. Pendant ce temps-là, dehors il fait beau, il y a un soleil magnifique, les petits oiseaux chantent sur les arbres et nous sommes enfermés ici [nous sommes ici dedans] en train d'étouffer.

Elsa : Hou là là Marco, quel rouspéteur ! Tout ça parce qu'une fois par mois [Seulement parce qu'une fois par mois] je te demande de m'accompagner faire un peu d'achats ; les maris de mes collègues y vont sans faire toutes ces histoires… Montons au deuxième étage avec l'escalator [les escaliers mobiles], je veux aller voir la nouvelle collection de Maletton, j'y trouve toujours des vêtements très mignons.

Marco : Nous pourrions aussi prendre l'ascenseur : je suis déjà en train de porter une tonne de sacs et sachets…

Elsa : Allez, monte par ici avec moi, antipathique ! Je veux aller dans ce magasin justement parce que l'année dernière j'y ai vu des petites robes d'été très colorées, des jupes longues de bohémienne et des débardeurs fantaisie. Regarde, ce blouson en cuir t'irait bien : il ne te plaît pas ?

Marco : Mais penses-tu ! Le « perfecto » à la James Dean ! Mais tu me vois, toi, me balader avec ce machin [sur moi] ?

Elsa : Bien sûr, je t'y vois ! Tu serais un peu moins lugubre, tu sembles toujours habillé en deuil…

Marco : Allez, regarde des vêtements pour toi : c'est toi qui veux te refaire la garde-robe, pas moi !

Elsa : Tu as raison ; je veux essayer ces T-shirts à manches longues. Où sont les cabines d'essayage ?

Marco : Les voilà, elles sont là-bas au fond, mais il y a une queue infinie [folle] !

Elsa : Comment me va celui-ci ? Tu ne trouves pas qu'il est trop grand pour moi ?

Marco : Oui, peut-être qu'il vaut mieux que tu essaies une taille plus petite, je vais te la chercher dans le rayon. Voilà, celui-ci te va très bien, il est parfait ; tu es très jolie habillée ainsi.

Elsa : Hou là là, quel compliment ! La mauvaise humeur pour être venu avec moi au centre commercial est-elle passée ?

Marco : Mais oui, allez, au fond j'aime te tenir [faire] compagnie. Et puis, je te l'avoue : alors que j'allais te chercher le T-shirt, j'ai regardé par la fenêtre et il est en train de pleuvoir. Quand il fait mauvais, c'est mieux d'être à l'abri. Peut-être que les petits oiseaux, s'ils pouvaient, viendraient aussi volontiers faire du shopping, quand il pleut !

🔊 30 NEL CENTRO COMMERCIALE

Marco: Odio questi orridi centri commerciali, dove si cammina sotto le luci al neon per chilometri e si spende mezzo stipendio comprando cose inutili.
Intanto fuori fa bel tempo, c'è un sole magnifico, gli uccellini cantano sugli alberi e noi siamo qui dentro a soffocare.

Elsa: Uffa, Marco, che brontolone! Solo perché una volta al mese ti chiedo di accompagnarmi a fare un po' di compere; i mariti delle mie colleghe ci vanno senza fare tutte queste storie… Saliamo con le scale mobili al secondo piano, voglio andare a vedere la nuova collezione di Maletton, ci trovo sempre vestiti carinissimi.

Marco: Potremmo anche prendere l'ascensore: sto già portando una tonnellata di borse
e sacchetti…

Elsa: Dai, sali di qua con me, antipatico! Voglio andare in quel negozio proprio perché l'anno scorso ci ho visto dei vestitini estivi coloratissimi, gonne lunghe un po' zingaresche e canottiere fantasia. Guarda, questo giubbotto di pelle ti andrebbe bene: non ti piace?

Marco: Ma figurati! Il "chiodo" alla James Dean! Ma mi ci vedi, in giro con quel "coso" addosso?

Elsa: Certo che ti ci vedo! Saresti un po' meno lugubre, sembri sempre vestito a lutto…

Marco: Dai, guarda i vestiti per te: sei tu che vuoi rifarti il guardaroba, mica io!

Elsa: Hai ragione; voglio provarmi queste magliette a manica lunga. Dove sono le cabine di prova?

Marco: Eccole, sono là in fondo, ma c'è una fila pazzesca!

Elsa: Come mi sta questa? Non trovi che sia troppo grande per me?

Marco: Sì, forse è meglio che provi una taglia più piccola, te la vado a prendere io nel reparto. Ecco, questa ti sta benissimo, è perfetta; sei molto carina vestita così.

Elsa: Uh, che complimento! Ti è passato il malumore per essere venuto con me nel centro commerciale?

Marco: Sì, dai, in fondo mi fa piacere farti compagnia. E poi, te lo confesso: mentre andavo a prenderti la maglietta, ho guardato dalla finestra e sta piovendo. Quando fa brutto, è meglio stare al chiuso. Forse anche gli uccellini, se potessero, verrebbero volentieri a fare shopping, quando piove!

COMPRENDRE LE DIALOGUE
L'EXPRESSION "DAI"

Nous l'avons rencontrée plusieurs fois au cours des modules précédents, et il est temps, dans cette dernière leçon, d'en expliquer l'origine : c'est l'impératif, à la deuxième personne du singulier, du verbe **dare**, et il est utilisé exactement comme *allez !* en français, pour exhorter, pour inviter l'interlocuteur à faire ou à ne pas faire quelque chose. **Dai, non ti arrabbiare!** *Allez, ne te fâche pas !* Étant une expression conjuguée à la deuxième personne du singulier, elle est réservée au tutoiement ; évitez-la dans les conversations formelles…

IL "COSO"

C'est le masculin incorrect du mot **la cosa**, *la chose*, et il est utilisé fréquemment dans la langue parlée familière comme *le truc, le machin*, pour définir quelque chose d'imprécis, mais aussi pour le déprécier, comme ici pour le blouson qui devient **un coso…** On utilise de façon analogue **la roba,** littéralement *la camelote*. **Che roba è?** *Qu'est-ce que c'est que ce machin ?*

NOTE CULTURELLE

I centri commerciali, *les centres commerciaux*, ont été introduits en Italie du Nord au début des années soixante-dix en suivant le modèle de leurs homologues français, à savoir des structures commerciales réunissant autour d'un hypermarché principal de nombreux magasins. Ce n'est pourtant qu'au cours des années quatre-vingts que ces structures se sont répandues sur tout le territoire. Aujourd'hui, ils sont au nombre de 969 et emploient plus de 300 000 salariés. Ils reçoivent 1 800 000 000 de visiteurs par an, puisque chaque habitant de la péninsule s'y rend en moyenne 32 fois par an. Décidément, le chant des petits oiseaux sur les arbres a moins de succès…

● VOCABULAIRE

gli alberi *les arbres (***l'albero** *l'arbre)*
camminare *marcher*
le canottiere *les débardeurs (***la canottiera** *le débardeur)*
cantare *chanter*
carina *jolie, mignonne (***carino** *joli, mignon)*
il chiodo *le perfecto (veste), le clou*
la collezione *la collection*
coloratissimi *très colorés*
le compere *les achats*
il complimento *le compliment*
confessare *avouer, confesser*
estivi *(singulier,* **estivo***) d'été*
fantasia *fantaisie*
il giubbotto *le blouson*
grande *grand(e)*
il guardaroba *la garde-robe*
intanto *pendant ce temps*
inutili *inutiles (***inutile** *inutile)*
il lutto *le deuil*
magnifico *magnifique*
il malumore *la mauvaise humeur*
le maniche *les manches (***la manica** *la manche)*
il neon *le néon*
odiare *détester, haïr*
orridi *horribles (***orrido** *horrible)*
pazzesca *folle (***pazzesco** *fou)*
la pelle *le cuir, la peau*
perfetta *parfaite (***perfetto** *parfait)*
piovere *pleuvoir*
provare *essayer*
le scale mobili *l'escalator, l'escalier roulant*
soffocare *étouffer*
il sole *le soleil*
la tonnellata *la tonne*
gli uccellini *les petits oiseaux (***l'uccello** *l'oiseau)*
il vestito *le vêtement et la robe*
zingaresche *bohémiennes (***zingaresco** *bohémien)*

◆ EXERCICES

1. COMPLÉTEZ AVEC LA PRÉPOSITION ADÉQUATE, SELON LE SENS DE LA PHRASE, EN LA CHOISISSANT DANS LA LISTE CI-DESSOUS (ATTENTION : CHAQUE PRÉPOSITION NE PEUT ÊTRE UTILISÉE QU'UNE SEULE FOIS) : A – DI – PER – CON – IN

a. Ho preso il treno .... mezzogiorno.

b. Ho telefonato .... tuo fratello per dirgli di venire da me.

c. I tuoi genitori hanno fatto tanti sacrifici .... te.

d. A quarant'anni, Carlo vive ancora .... sua madre.

e. Siamo vissuti a lungo .... Inghilterra.

2. COMPLÉTEZ AVEC L'ARTICLE CONTRACTÉ ADAPTÉ.

a. Siamo entrati .... sua bellissima casa.

b. Siete saliti .... cima della collina.

c. Questo prodotto viene .... Francia.

d. La grammatica .... italiano mi sembra difficile.

e. Mi piace il canto .... uccelli.

3. REFORMULEZ LES PHRASES SUIVANTES AU PLURIEL.

a. La grande città non può essere silenziosa. → ....

b. La sua mano era grande e forte. → ....

c. Il mio amico sceglie una scuola difficile. → ....

d. Vorrebbe un uovo fresco. → ....

e. Avresti potuto incontrare un compagno simpatico. → ....

f. Affitterà un monolocale ampio e spazioso. → ....

🔊 4. ÉCOUTEZ L'ENREGISTREMENT ET ÉCRIVEZ EN TOUTES LETTRES CES CHIFFRES.

a. 14 → ....
b. 93 → ....
c. 130 → ....
d. 84 → ....
e. 11 → ....
f. 172 → ....
g. 888 → ....

5. ÉCOUTEZ L'ENREGISTREMENT ET ÉCRIVEZ EN TOUTES LETTRE LES NOMBRES ORDINAUX SUIVANTS.

a. 34° → .... e. 1000° → ....

b. 67° → .... f. 15° → ....

c. 12° → .... g. 8° → ....

d. 602° → ....

6. TRADUISEZ LES PHRASES SUIVANTES.

a. L'année prochaine, mes parents iront visiter les villes italiennes.
→ ....

b. Il aurait voulu y aller, mais il n'a pas pu.
→ ....

c. Madame, vous nous aviez dit que vous arriveriez à cinq heures.
→ ....

d. Nous devions nous lever tôt pour aller chez nos grands-parents.
→ ....

e. Ils te proposeront un appartement en location.
→ ....

f. Vous étiez en train de regarder un film, quand Carlo vous a appelés.
→ ....

g. Si je ne le lui avais pas demandé, il ne me l'aurait pas dit.
→ ....

h. En t'entendant parler, j'ai tout de suite compris que tu n'étais pas d'ici.
→ ....

i. Prends ma voiture, vas-y et dis-le-lui.
→ ....

7. TOURNEZ AU FUTUR CES VERBES À L'IMPARFAIT DE L'INDICATIF.

a. facevamo → ....

b. bevevi → ....

c. proponevate → ....

d. sapevo → ....

e. volevano → ....

f. veniva → ....

g. potevamo → ....

8. TOURNEZ AU CONDITIONNEL PRÉSENT CES VERBES AU PASSÉ COMPOSÉ.

a. ho fatto → ....

b. siete rimasti → ....

c. abbiamo visto → ....

d. sono venute → ....

e. ha vissuto → ....

f. hanno tenuto → ....

g. hai dato → ....

9. COMPLÉTEZ AVEC LE SUBJONCTIF PRÉSENT DES VERBES INDIQUÉS ENTRE PARENTHÈSES.

a. Credo che Luisa .... troppi dolci. (mangiare)

b. Pensate che io .... troppo? (parlare)

c. Spero che Carlo .... con cura. (lavorare)

d. Non è possibile che voi .... a queste storie! (credere)

e. Speriamo che Filippo ci .... presto! (scrivere)

f. Mi sembra che il treno .... alle dodici e trenta. (partire)

g. È meglio che tu non gli .... la porta. (aprire)

10. COMPLÉTEZ LES PHRASES SUIVANTES EN UTILISANT LE SUBJONCTIF PASSÉ.

a. Marta pensa che io non le creda. → Marta pensa che ieri io non le ....

b. Sono contento che Lea venga a casa mia. → Sono contento che ieri Lea .... a casa mia.

c. Giorgio teme che suo figlio mangi troppi dolci. → Giorgio teme che ieri suo figlio .... troppi dolci.

ANNEXES

LES CORRIGÉS DES EXERCICES

NOTE

Vous trouverez dans les pages qui suivent tous les corrigés des exercices proposés dans les modules qui précèdent. Les exercices enregistrés sont signalés par le pictogramme 🔊 suivi du numéro de la piste en streaming. Ils se trouvent sur la même piste que le dialogue de la leçon, à la suite de celui-ci ; ils portent donc le même numéro de piste.

PRONONCIATION, P. 12
🔊 02

SON	k	tch	ch	g	dj
parchi	x				
porci		x			
giardino					x
prosciutto			x		
fischiare	x				
piccolo	x				
lasciare			x		
lanciare		x			
lunghissimo				x	

PRONONCIATION, P. 14
🔊 02

Firenze – canzone – Federico – cantavano – cantavamo – felicità – macchina – fantastico – raccontatemelo – raccontamelo

1. SE PRÉSENTER ET SALUER

1. a. la – **b.** lo – **c.** l' – **d.** l' – **e.** le

2.

Masculin singulier	Masculin pluriel	Féminin singulier	Féminin pluriel
Il vicino siciliano	I vicini siciliani	La vicina siciliana	Le vicine siciliane
Il ragazzo bello	I ragazzi belli	La ragazza bella	Le ragazze belle

🔊 03 **3. a.** chiamo – **b.** sono – piacere – **c.** da – **d.** sono – **e.** arrivederci – **f.** prossima

4. a. sono – **b.** siamo – **c.** siete – **d.** sono – sei – **e.** è

2. PARLER DE SOI

1. a. una – **b.** dei – **c.** uno – **d.** una – **e.** degli – **f.** delle
2. a. abbiamo – **b.** ha – **c.** avete – **d.** hai
3. a. a – **b.** accomodati – **c.** lavoro – **d.** Faccio – **e.** Quanti – **f.** Ho
🔊 04 **4.**

Masculin singulier	Masculin pluriel	Féminin singulier	Féminin pluriel
Uno Scandinavo	Degli scandinavi	Una scandinava	Delle scandinave
Un ragazzo bravissimo	Dei ragazzi bravissimi	Una ragazza bravissima	Delle ragazze bravissime

3. TUTOYER ET VOUVOYER

1. a. disturbo – **b.** desidera – **c.** passano – arrivano – **d.** desiderate – **e.** chiamo – **f.** chiami
2.

Masculin singulier	Masculin pluriel	Féminin singulier	Féminin pluriel
L'insegnante canadese	Gli insegnanti canadesi	L'insegnante canadese	Le insegnanti canadesi
Il francese gentile	I francesi gentili	La francese gentile	Le francesi gentili

🔊 05 **3. a.** dov'è – **b.** Sono – da – **c.** bisogno **d.** – desidera – **e.** da
4. a. nella – **b.** sulla – **c.** dall' – **d.** al – **e.** colla

4. DEMANDER DES INFORMATIONS ET DES EXPLICATIONS

1. a. Non abitiamo a Bologna. – **b.** Non riflettete un po'. – **c.** Non vendono scarpe.
🔊 06 **2. a.** Vuole vedere le scarpe nere? – **b.** Hai capito la nostra offerta? – **c.** C'è un posto libero vicino a te?
3. a. i prezzi convenienti – **b.** le offerte eccezionali – **c.** i clienti fortunati
4. a. la cliente siciliana – **b.** la commessa gentile – **c.** la vicina canadese
5. a. chiudono – **b.** vede – **c.** rifletto – **d.** prendiamo

5. DÉMARCHES ADMINISTRATIVES

1. a. le mie amiche greche – **b.** le città ricche – **c.** i tuoi amici simpatici
2. a. le studentesse simpatiche – **b.** la dottoressa canadese – **c.** la principessa siciliana
3. a. preferiamo – **b.** parte – **c.** capisce **d.** soffri
4. a. mio — **b.** le vostre — **c.** la sua — **d.** la tua
🔊 07 **5.** A come Ancona, S come Savona, S come Savona, I come Imola, M come Milano, I come Imola, L come Livorno : **ASSIMIL**.

6. DÉCRIRE LES PERSONNES

1. a. le tue foto piccole – **b.** questi maglioni rossi – **c.** quei bei bar – **d.** quegli studenti magri – **e.** i tuoi cappelli gialli – **f.** quelle estati calde
2. a. Questo – quella – **c.** Quella – **c.** questa – **d.** quel
3. a. sta – Sto – **b.** vanno – **c.** do – **d.** faccio
🔊 08 **4. a.** caldo – freddo – **b.** spiaggia – mare – **c.** sinistra – **d.** faccio – vacanza

7. LES ACTIVITÉS DE LA JOURNÉE

🔊 09 **1. a.** quattrocentoquattro – **b.** novantuno **c.** millenovecentocinquantasette – **d.** ventidue – **e.** settantatré
2. a. Cenano alle diciannove e trenta. **b.** Ci svegliamo alle sette e un quarto (e quindici). – **c.** Faccio la doccia alle nove e venti. – **d.** Vado in piscina alle diciassette e trenta (alle cinque e mezza).
3. a. rimango – **b.** ci sediamo – beviamo **c.** vuole – può – **d.** sa – può – **e.** dovete
4. a. che – **b.** di – **c.** come – **d.** che

8. CHERCHER UN LOGEMENT

🔴 10 **1. a.** quarantaquattresimo — **b.** ottocentoquarantacinquesimo — **c.** quinto **d.** settantatreesimo — **e.** sedicesimo

2. a. molto bella — **b.** il più caro — **c.** la più buona (la migliore) — **d.** piccolissimo

3. a. esco — **b.** vieni — **c.** salgono — **d.** dite

🔴 10 **4. a.** stanze – piano – **b.** ci – solo –**c.** camera – fondo – **d.** propongo – condividere

9. DONNER RENDEZ-VOUS À UN AMI

1.

Masculin	Féminin
l'attore famoso	le attrici famose
lo scrittore americano	le scrittrici americane
il dottore simpatico	la dottoressa simpatica
i pittori milanesi	le pittrici milanesi

2.

Singulier	Pluriel
l'uovo fresco	le uova fresche
il mio braccio	le mie braccia
il muro della casa	I muri della casa
la nostra mano	le nostre mani

3. a. veniamo – **b.** propone – **c.** deve – **d.** Stiamo

🔴 11 **4. a.** andando – **b.** imparando – **c.** leggendo – **d.** facendo

10. DEMANDER SON CHEMIN

1. a. le — **b.** mi — **c.** lo — **d.** li
2. a. Ho studiato l'italiano per il mio lavoro. — **b.** Luisa e Carla sono partite presto per evitare il traffico. — **c.** Avete ringraziato il vigile per l'informazione.
🔊 12 **3. a.** ho letto – **b.** è stata – **c.** avete visto
d. abbiamo chiesto

11. FAIRE SES COURSES

1. a. te — **b.** voi — **c.** loro — **d.** lei
2. a. Facevamo la spesa al supermercato. – **b.** Bevevano solamente acqua. **c.** Non diceva niente. – **d.** Eri a Firenze?
3. a. Bevevi. – **b.** Mangiavano. – **c.** Dicevate. – **d.** Prendevamo. – **e.** Finivo.

12. ALLER CHEZ LE MÉDECIN

1. a. tieni – **b.** Andiamo – **c.** venga – **d.** sentite – **e.** leggere
2. a. Andiamoci. – **b.** Prendine tre. – **c.** Non farlo. – **d.** Fallo.
3. a. Mia sorella è andata/andava in vacanza al mare. – **b.** Abbiamo bevuto/Bevevamo caffè per non dormire. – **c.** Marco e Luca si sono preoccupati/si preoccupavano troppo. – **d.** Hai preso/Prendevi la mia macchina ogni mattina.
🔊 14 **4. a.** medicine – **b.** cucchiaio – **c.** peggiorare

13. ALLER À LA BANQUE

1. a. apriremo – **b.** firmerà – **c.** chiuderà **d.** arriveranno
2. a. potrai – **b.** verrò – **c.** dovrete – **d.** vedremo
3. a. Gli parleremo. – **b.** Ci andrete. – **c.** Lo firmerà, signore. – **d.** Lo dovranno fare.
🔊 15 **4. a.** prelevare – **b.** firmare – **c.** bolletta

14. FAIRE UNE RÉCLAMATION (AU BUREAU DE POSTE)

1. a. Ce l'avete mandato. – **b.** Gliela chiedo. – **c.** Ve ne parliamo. – **d.** Glielo verseranno.
2. a. Sto per fare un lavoro difficile. – **b.** Stai per spiegarmi la tua situazione. **c.** Stavamo per arrivare a casa sua. – **d.** Stanno per andare a lavorare.
3. a. Non me l'ha detto. – **b.** Ce li mettete. **c.** Ve ne hanno parlato. – **d.** Glielo compreremo.
4. a. Ce li hanno dati. – **b.** Ve le hanno prese. – **c.** Glieli hanno letti. – **d.** Me l'hanno comprata.

15. L'ENTRETIEN D'EMBAUCHE

1. a. parlartene – **b.** chiedervela – **c.** preparartela – **d.** Portateceli.
2. a. A quest'ora dormiranno. – **b.** Sarà già arrivata a casa. – **c.** Avrai preso il raffreddore. – **d.** Non parleranno italiano.
3. a. Diglielo. – **b.** Mettetevelo. – **c.** Dicendotelo. – **d.** Vattene.
4. a. sarò tornato – **b.** avremo ricevuto **c.** avranno trovato – **d.** avrete finito

16. PARTICIPER À UNE RÉUNION DE TRAVAIL

1. a. Ti spiego il problema per cui sono venuto. – **b.** Ti ho portato il libro che mi avevi prestato. – **c.** Voglio vedere il lavoro di cui mi avete tanto parlato.
2. a. La mia casa in montagna è stata affittata da turisti francesi. – **b.** L'inglese è parlato da molti. – **c.** Roma è visitata da turisti di tutto il mondo.
3. a. Questo lavoro va fatto. – **b.** Non se n'era parlato. – **c.** Si dorme poco. – **d.** È una città da vedere (che va vista).
4. a. è stata scritta – **b.** è stata fondata **c.** è stato capito

17. AU TÉLÉPHONE

🔊 19 **1. a.** A che ora arriva l'autobus? – **b.** Che cosa volete mangiare? – **c.** Quali sono le tue città preferite?
2. a. Per fare questo lavoro, ci vuole la macchina. – **b.** Ci vorranno molte ore. **c.** Con quel freddo, ci voleva il maglione.
3. a. Ci vogliono delle scarpe. – **b.** Ci vorrà un anno. – **c.** Con quanti amici venite? – **d.** Che bella città!
🔊 19 **4. a.** Pronto – **b.** sono – **c.** chiamata – **d.** riattacco

18. INFORMATIQUE ET INTERNET

1. a. quello che − **b.** quella che − **c.** quelli che
2. a. Esco solo con chi mi è simpatico. **b.** Chi è andato in quella scuola parla bene italiano. − **c.** Chi non ha diciotto anni non può guidare la macchina.
3. a. Vorremmo. − **b.** Sarebbero. − **c.** Avreste. − **d.** Sapresti.
4. a. Mi piacerebbe andare in Italia. − **b.** Mi potrebbe dire che ore sono? − **c.** Potremmo arrivare un po' più tardi?

19. ÉCRIRE UN E-MAIL

1. a. Con il mio operatore queste cose non sarebbero successe. − **b.** In treno avremmo viaggiato molto più comodi. **c.** Carla avrebbe preferito andarci lunedì. − **d.** Carla ci sarebbe andata più volentieri lunedì.
2. a. stranamente − **b.** professionalmente − **c.** solitamente − **d.** fortunatamente
3. a. Avremmo voluto. − **b.** Sarebbero state. − **c.** Avrebbe potuto. − **d.** Sareste venute.
4. a. lentissimamente − **b.** fortissimo **c.** pianissimo − **d.** tardissimo
🔊 21 **5. a.** campo − **b.** connette− **c.** successo **d.** regalato

20. DONNER DES INSTRUCTIONS PRATIQUES

1. a. lavato − **b.** viaggiato − **c.** dimenticati − **d.** messa
2. a. ha saputo − **b.** ha dovuto − **c.** siamo potuti − **d.** è saputa
3. a. Si sono messi le scarpe. − **b.** Si sono lavate i denti. − **c.** Ci siamo dimenticati il nostro appuntamento. − **d.** Si è ricordata di te.
🔊 22 **4. a.** allarme − **b.** codice − **c.** tastiera

21. RÉSERVER UNE CHAMBRE D'HÔTEL

1. a. c'era − **b.** c'è − **c.** ci sono − **d.** ci sarebbe
2. a. tengo − **b.** sceglie − **c.** piace − **d.** valgono
3. a. Sceglie. − **b.** Abbiamo scelto. − **c.** Non mi piaceva il mare. − **d.** Non ci tengono.
🔊 23 **4. a.** prenotare − **b.** sono − **c.** matrimoniale − **d.** vista

22. À LA GARE, À L'AÉROPORT

1. a. venga – **b.** mangiate – **c.** perda – **d.** prendano
2. a. Spero che tu vada al mare. – **b.** Credo che voi siate inglesi. – **c.** Mi fa piacere che voi veniate a Milano. **d.** Non so a che ora voi finiate di lavorare.
3. a. verrò – **b.** avrai aperto – **c.** sono state – **d.** scelga
🔊 24 **4. a.** decollo – **b.** sportello – **c.** binario – **d.** volo

23. LE SPORT ET LE TEMPS LIBRE

1. a. Mi dispiace che tu non sia venuto da noi. – **b.** Ci sembra che voi abbiate mangiato troppo. – **c.** Spero che lei non abbia perso il treno. – **d.** Credo che Carla e Paolo abbiano preso l'aereo delle quattordici.
2. a. Spero che tu sia andato a lavorare. **b.** Credo che voi abbiate fatto un buon acquisto. – **c.** Mi fa piacere che voi siate venuti a Milano. – **d.** Mi sembra che loro abbiano mangiato troppo.
3. a. hanno tolto – **b.** posso – **c.** spengo **d.** produrrà
🔊 25 **4. a.** paio – **b.** palestra – **c.** invernali –

24. LE CINÉMA ET LE THÉÂTRE

1. a. che veniste da me. – **b.** che tu fossi arrivata così presto. – **c.** che foste stati molto chiari. – **d.** che dicessero la verità.
2. a. Speravo che tu fossi andato a lavorare. – **b.** Credevo che voi aveste fatto un buon acquisto. – **c.** Mi faceva piacere che voi foste venuti a Milano. – **d.** Mi sembrava che loro avessero mangiato troppo.
3. a. Faranno. – **b.** Sceglieresti. – **c.** Facciamo. – **d.** Vedrete. – **e.** Vedreste.
🔊 26 **4. a.** entrambi – **b.** autore – **c.** idea – **d.** regista

25. ORGANISER UNE EXCURSION ENTRE AMIS

1. a. A – **b.** con – **c.** in – **d.** alle – **e.** in **f.** dall' – **g.** da – **h.** da – **i.** tra
2. a. che avremmo fatto una gita insieme. – **b.** che sarebbe andato a Napoli. **c.** Mi dicevano che sarebbero partiti per l'America. – **d.** avrebbe studiato all'estero.
🔊 27 **3. a.** cima – **b.** scorciatoia – **c.** andata

26. VISITER UNE EXPOSITION

1. a. in – **b.** a – **c.** da – **d.** al
2. a. passiamo – **b.** potranno – **c.** fossi **d.** avessimo visto
3. a. Se vuoi parlarmi, vengo da te. – **b.** Se l'avessi saputo, non sarei venuto. **c.** Se andrete in Francia l'anno prossimo, verremo con voi. – **d.** Se tu fossi qui, potremmo parlarne.
4. a. risponderò – **b.** avrei risposto – **c.** avreste visto – **d.** verremmo
🔊 28 **5. a.** persi – **b.** peccato – **c.** figurativa – **d.** distraggo

27. AU RESTAURANT

1. a. con — **b.** in — **c.** di — **d.** alla — **e.** sui **f.** al – **g.** Di
2. a. incontro – parlo – **b.** fossi – lavorerei – **c.** studiaste – avreste – **d.** aveste studiato – avreste avuto
3. a. Se potrò venire da voi, verrò di sicuro. – **b.** Ho scelto questa macchina perché mi piace molto. – **c.** Non fai nessuno sport, ma dovresti. – **d.** Salgono sulla cima della montagna.
🔊 29 **4. a.** primo – **b.** secondo – **c.** rivista – **d.** sete

28. FAIRE DU SHOPPING

1. a. di – **b.** a – **c.** per – **d.** con – **e.** in
2. a. nella – **b.** sulla – **c.** dalla – **d.** dell' **e.** degli
3. a. Le grandi città non possono essere silenziose. – **b.** Le sue mani erano grandi e forti. – **c.** I miei amici scelgono scuole difficili. – **d.** Vorrebbero uova fresche. – **e.** Avreste potuto incontrare compagni simpatici. – **f.** Affitteranno monolocali ampi e spaziosi.
🔊 30 **4. a.** quattordici – **b.** novantatré – **c.** centotrenta – **d.** ottantaquattro – **e.** undici – **f.** centosellantadue – **g.** ottocentoottantotto
🔊 30 **5. a.** trentaquattresimo – **b.** sessantasettesimo – **c.** dodicesimo – **d.** seicentoduesimo – **e.** millesimo **f.** quindicesimo – **g.** ottavo
6. a. L'anno prossimo i miei genitori andranno a visitare le città italiane. – **b.** Avrebbe voluto andarci, ma non ha potuto – **c.** Signora, ci aveva detto che sarebbe arrivata alle cinque. – **d.** Dovevamo alzarci presto per andare dai nostri nonni. – **e.** Ti proporranno un appartamento in affitto. – **f.** Stavate

guardando un film, quando Carlo vi ha chiamati. – **g.** Se io non gliel'avessi chiesto, non me l'avrebbe detto. – **h.** Sentendoti parlare, ho capito subito che non eri di qui. – **i.** Prendi la mia macchina, vacci e diglielo.
7. a. faremo – **b.** berrai – **c.** proporrete – **d.** saprò – **e.** vorranno – **f.** verrà – **g.** potremo
8. a. farei – **b.** rimarreste – **c.** vedremmo – **d.** verrebbero – **e.** vivrebbe – **f.** terrebbero – **g.** daresti
9. a. mangi – **b.** parli – **c.** lavori – **d.** crediate – **e.** scriva – **f.** parta – **g.** apra
10. a. abbia creduto – **b.** sia venuta – **c.** abbia mangiato

MÉMOS GRAMMAIRE & CONJUGAISON

◆ PRONONCIATION

L'alphabet italien comporte 21 lettres, prononcées de la façon suivante :

Lettre	Prononciation	Pour épeler un mot
A	*a*	Ancona
B	*bi*	Bologna Bari
C	*tchi*	Como
D	*di*	Domod<u>o</u>ssola
E	*é*	<u>E</u>mpoli
F	*èffè*	Firenze
G	*dji*	G<u>e</u>nova
H	*àcca*	hotel
I	*i*	<u>I</u>mola Imperia
L	*èllè*	Livorno
M	*èmmè*	Milano
N	*ènnè*	N<u>a</u>poli
O	*o*	<u>O</u>tranto
P	*pi*	Palermo P<u>a</u>dova
Q	*kou*	Quarto
R	*èrrè*	Roma
S	*èssè*	Savona Salerno
T	*ti*	Torino T<u>a</u>ranto
U	*ou*	<u>U</u>dine
V	*vi*	Venezia
Z	*dzéta*	Zara

Les lettres **j, k, w, x, y** n'appartiennent pas à l'alphabet italien, et sont donc assez rarement utilisées. Il suffit alors de dire le nom de la lettre : **i lunga** (j), **cappa** (k), **vu doppia** (w), **ics** (x), **ipsilon** ou **i greca** (y).

> **NOTE**
>
> Nous ne présenterons ici que quelques tableaux de révision des principales formes ; pour les détails et pour davantage d'exemples, chaque matière renvoie au Module correspondant.

◆ GRAMMAIRE

L'ARTICLE DÉFINI (MODULE N°1)

	MASCULIN			FÉMININ	
	Devant consonne (sauf **gn-**, **z-**, **ps-**, **s** + consonne)	Devant **gn-**, **z-**, **ps-**, **s** + consonne	Devant voyelle	Devant consonne	Devant voyelle
SINGULIER	**il** **il** mio autobus	**lo** **lo** studente	**l'** **l'**autobus	**la** **la** vicina	**l'** **l'**amica
PLURIEL	**i** **i** miei	**gli** **gli** studenti, **gli** autobus		**le** **le** vicine, **le** amiche	

L'ARTICLE INDÉFINI (MODULE N° 2)

	MASCULIN		FÉMININ	
	Devant consonne (sauf **gn-**, **z-**, **ps-**, **s** + consonne) et devant voyelle	Devant **gn-**, **z-**, **ps-** **s** + consonne)	Devant consonne	Devant voyelle
SINGULIER	**un** **un** posto **un** amico	**uno** **uno** studente	**una** **una** studentessa	**un'** **un'**amica
	Devant consonne (sauf **gn-**, **z-**, **ps-**, **s** + consonne)	Devant **gn-**, **z-**, **ps-** **s** + consonne) et devant voyelle	Devant consonne et voyelle	
PLURIEL	**dei** **dei** colleghi	**degli** **degli** studenti, **degli** amici	**delle** **delle** ottime scuole, **delle** amiche	

LES ARTICLES CONTRACTÉS (MODULE N° 3)

	il	lo	l'	la	i	gli	le
a	al	allo	all'	alla	ai	agli	alle
di	del	dello	dell'	della	dei	degli	delle
da	dal	dallo	dall'	dalla	dai	dagli	dalle
in	nel	nello	nell'	nella	nei	negli	nelle
con	col	collo	coll'	colla	coi	cogli	colle
su	sul	sullo	sull'	sulla	sui	sugli	sulle

LE NOM ET L'ADJECTIF EN -O (MODULE N° 1)

	MASCULIN	FÉMININ
SINGULIER	**-o** il sicilian**o** bell**o**	**-a** la sicilian**a** bell**a**
PLURIEL	**-i** i sicilian**i** bell**i**	**-e** le sicilian**e** bell**e**

EN -E (MODULE N° 3)

	MASCULIN	FÉMININ
SINGULIER	**-e** il canades**e** gentil**e**	**-e** la canades**e** gentil**e**
PLURIEL	**-i** i canades**i** gentil**i**	**-i** le canades**i** gentil**i**

LES EXCEPTIONS

Certains noms masculins sont invariables au pluriel : les mots étrangers (**lo sport, gli sport**), les mots accentués sur la dernière syllabe (**la città, le città**), les mots monosyllabes (**il re, i re**), les mots tronqués (**il cinema, i cinema**) et les mots en **-i** (**l'analisi, le analisi**).

LES NOMS AU MASCULIN SINGULIER EN -O, AU FÉMININ PLURIEL EN -A

Certains mots masculins au singulier terminant en **-o**, deviennent féminins en **-a** au pluriel : **l'uovo**, (masc. sing.) **le uova** (fém. plur.) ; **il paio**, **le paia**, etc.
• NOMS MASCULINS ET FÉMININS EN **-A** : **il giornalista, la giornalista, il collega, la collega**.
• NOMS FÉMININS EN **-ESSA** : **lo studente**, **la studentessa**, **il dottore**, **la dottoressa**, les noms d'animaux (**il leone, la leonessa**), LES titres de noblesse (**il conte, la contessa**).
• NOMS FÉMININS EN **-TRICE** : de nombreux noms d'activités, artistiques ou pas, comme **attore**, **attice**, **pittore**, **pittrice**, etc. Exceptions : **dottore/dottoressa**.
Remarquez également **la mano** *(la main)*, féminin en **-o**, au pluriel **le mani**.

LES COMPARATIFS (MODULE N° 7)

• Le premier terme de comparaison est toujours précédé de **più** (comparatif de supériorité) ou de **meno** (comparatif d'infériorité).

• Le deuxième terme de comparaison est précédé de :
- **di** (ou d'articles contractés formés avec **di** + les articles définis), si c'est un nom ou un pronom,
- **che** si c'est est un adverbe, un verbe, un adjectif, s'il est précédé d'une préposition ou s'il indique une quantité.

• Le comparatif d'égalité se forme simplement en plaçant **come** ou **quanto** (un peu moins fréquent) devant le deuxième terme de comparaison.

LES SUPERLATIFS (MODULE N° 8)

• Superlatif absolu :
1. On ajoute le suffixe **-issimo** à la fin de l'adjectif ou de l'adverbe.
2. L'adverbe **molto** précède l'adjectif ou l'adverbe.

• Superlatif relatif
Il più (ou **il meno**) précède l'adjectif et le nom auquel l'adjectif se réfère. Il se trouve entre l'article et **più** ou **meno,** sans répétition de l'article.

LES COMPARATIFS ET LES SUPERLATIFS PARTICULIERS (MODULE N° 8)

ADJECTIF	COMPARATIF	SUPERLATIF
buono, bon	**migliore,** meilleur	**ottimo,** très bon
cattivo, mauvais	**peggiore,** pire	**pessimo,** très mauvais
grande, grand	**maggiore,** majeur	**massimo,** maximum
piccolo, petit	**minore,** moindre	**minimo,** minimum

ADVERBE	COMPARATIF	SUPERLATIF
bene, bien	**meglio**, mieux	**ottimamente**, **molto bene**, très bien
male, mal	**peggio**, pis	**pessimamente**, **molto male**, très mal

LES ADJECTIFS ET LES PRONOMS POSSESSIFS (MODULE N° 5)

	masculin singulier	masculin pluriel	féminin singulier	féminin pluriel
1re personne du singulier	il mio	i miei	la mia	le mie
2e personne du singulier	il tuo	i tuoi	la tua	le tue
3e personne du singulier	il suo	i suoi	la sua	le sue
1re personne du pluriel	il nostro	i nostri	la nostra	le nostre
2e personne du pluriel	il vostro	i vostri	la vostra	le vostre
3e personne du pluriel	il loro	i loro	la loro	le loro

LES ADJECTIFS ET LES PRONOMS DEMONTRATIFS (MODULE N° 6)

	MASCULIN			FÉMININ	
	devant consonne (sauf s + consonne, -gn, -ps)	devant s + consonne, -gn, -ps	devant voyelle	devant consonne	devant voyelle
SINGULIER	quel quel cappello (ce chapeau)	quello quello studente (cet étudiant)	quell' quell'amico (cet ami)	quella quella foto (cette photo)	quell' quell'amica (cette amie)
PLURIEL	quei quei cappelli	quegli quegli studenti, quegli amici		quelle quelle foto, quelle amiche	

LES PRONOMS PERSONNELS COMLÉMENTS (FORMES FAIBLES) (MODULE N° 10)

Pronom sujet	Complément d'objet direct	Complément d'objet indirect
io	mi	mi
tu	ti	ti
lui, lei	**lo** (masc.), **la** (fém. et forme de politesse)	**gli** (masc.), **le** (fém. et forme de politesse)
noi	ci	ci
voi	vi	vi
loro	**li** (masc.), **le** (fém.)	gli

Puisque la personne de politesse est la 3e personne du singulier au féminin (**lei**), ce sont les pronoms personnels compléments correspondant à cette personne qui sont utilisés pour ce cas.

LES PRONOMS PERSONNELS COMPLÉMENTS (FORMES FORTES) (MODULE N° 11)

Pronom sujet	Complément d'objet direct et indirect (forme forte)
io	me
tu	te
lui, lei	**lui** (masc.), **lei** (fém. et forme de politesse)
noi	noi
voi	voi
loro	**loro** (masc. et fém.)

LES PRONOMS PERSONNELS GROUPÉS (MODULE N° 14)

Compléments indirects (C.O.I.)	Compléments directs (C.O.D.)				
	lo	**la**	**li**	**le**	**ne**
mi	**me lo**	**me la**	**me li**	**me le**	**me ne**
ti	**te lo**	**te la**	**te li**	te le	te ne
gli, le	glielo	gliela	glieli	gliele	gliene
ci	ce lo	ce la	ce li	ce le	ce ne
vi	ve lo	ve la	ve li	ve le	ve ne
gli	glielo	gliela	glieli	gliele	gliene

LES PRONOMS RELATIFS (MODULE N° 16)

	FORME COURTE	FORME LONGUE
Sujet et C.O.D.	**che**	**il quale** (masc. sing.)
Autres compléments	**cui** (précédé d'une préposition)	**la quale** (fém. sing.) **i quali** (masc. plur.) **le quali** (fém. plur.) Forme valable pour tous les cas, éventuellement précédée d'une préposition qui fusionne avec l'article en formant un article contracté

LES PRINCIPALES PRÉPOSITIONS

a	di	da	in
Direction d'un mouvement : **Vado a Roma.** *Je vais à Rome.* **Vado a lavorare.** *Je vais travailler.*	Propriété : **la macchina di Giulia** *la voiture de Giulia*	Provenance et distance : **Vengo da Milano.** *Je viens de Milan.* **Abito a tre chilometri da Milano.** *J'habite à 3 km de Milan.* **Siamo lontani da Torino?** *Sommes-nous loin de Turin ?*	*dans* et *en* dans les expressions locatives : **Abito in Italia.** *J'habite en Italie.*
État dans un lieu : **Abito a Roma.** *J'habite à Rome.*	L'argument : **un libro di storia** *un livre d'histoire*	Complément d'agent dans une phrase passive : **È stato visto da tutti.** *Il a été vu par tout le monde.*	*en* dans les expressions temporelles : **L'ho fatto in due ore.** *Je l'ai fait en deux heures.*
Dans les expressions locatives : **vicino a** *près de* **davanti a** *devant* **di fronte a** *en face de* **in mezzo a** *au milieu de* **intorno a** *autour de* **di fianco a** *sur le côté de*	Le contenu : **una tazza di caffè** *une tasse de café*	Le contenant : **una tazza da caffè** *une tasse à café*	Expressions de quantités : **Veniamo in due.** *Nous venons à deux.*
	Avec les adverbes : **prima di** *avant* **invece di** *au lieu de*	*depuis* **Ti aspetto da due ore.** *Je t'attends depuis deux heures.*	
	Dans les expressions : **Credo di no.** *Je crois que non.* **Dico di sì.** *Je dis oui.*	*chez* **Vieni a mangiare da noi?** *Viens-tu manger chez nous ?*	Complément de moyen : **Sono venuta in treno.** *Je suis venue en train.*
	Dans les expressions temporelles : **di giorno**, **di sera**, **di domenica** *le jour, le soir, le dimanche*	Destination d'une action **È una cosa da fare.** *C'est une chose à faire.*	

con	su	per	tra, fra
avec **Abito con Paolo.** J'habite avec Paolo. **Lavora con cura.** Il travaille avec soin.	sur **L'ho dimenticato sul tavolo.** Je l'ai oublié sur la table.	pour dans les expressions de cause et de but : **Sono tornato a casa per il gran freddo.** Je suis rentré à cause du grand froid. **Sono venuto per questo.** Je suis venu pour cela.	entre deux : **fra me e te** entre toi et moi
Complément de moyen : **Sono arrivata con il treno delle due e mezzo.** Je suis arrivée par le train de deux heures et demie.	Approximation : **un giovane sui vent'anni** un jeune homme qui pouvait avoir vingt ans	Destination : **Ho preso il treno per Roma.** J'ai pris le train pour Rome.	parmi plusieurs : **fra noi tutti** parmi nous tous
		Mouvement circonscrit : **Passeggiamo per la città.** Nous nous promenons dans la ville.	dans au sens temporel de délai : **Vengo tra due ore.** Je viens dans deux heures.

◆ CONJUGAISON

LE VERBE essere

	Présent de l'indicatif	Imparfait	Impératif
io	sono	ero	
tu	sei	eri	sii
lui, lei	è	era	sia
noi	siamo	eravamo	siamo
voi	siete	eravate	siate
loro	sono	erano	

Futur simple	Conditionnel présent	Subjonctif présent	Subjonctif imparfait
sarò	sar**ei**	sia	fossi
sarai	sar**esti**	sia	fossi
sarà	sar**ebbe**	sia	fosse
saremo	sar**emmo**	siamo	fossimo
sarete	sar**este**	siate	foste
saranno	sar**ebbero**	siano	fossero

Participe passé **stato**, passé composé **sono stato**, etc. (Module n° 10), plus-que parfait de l'indicatif, **ero stato**, etc, futur antérieur **sarò stato**, etc. (Module n° 15), conditionnel passé **sarei stato**, etc. (Module n° 19), subjonctif passé **sia stato** (Module n° 23).

C'È ET CI SONO

Indicatif présent	Passé composé	Indicatif imparfait	Indicatif futur
c'è	**c'è stato/a**	**c'era**	**ci sarà**
ci sono *il y a*	**ci sono stati/e** *il y a eu*	**c'erano** *il y avait*	**ci saranno** *il y aura*

Futur antérieur	Conditionnel présent	Conditionnel passé
ci sarà stato/a	**ci sarebbe**	**ci sarebbe stato/a**
ci saranno stati/e *il y aura eu*	**ci sarebbero** *il y aurait*	**ci sarebbero stati/e** *il y aurait eu*

LE VERBE avere

	Présent de l'indicatif	Imparfait	Impératif	Futur simple
io	ho	**avevo**		avrò
tu	hai	**avevi**	abbi	avrai
lui, lei	ha	**aveva**	abbia	avrà
noi	abbiamo	**avevamo**	abbiamo	avremo
voi	avete	**avevate**	abbiate	avrete
loro	hanno	**av<u>e</u>vano**		avranno

Conditionnel présent	Subjonctif présent	Subjonctif imparfait
avr**ei**	**abbia**	av<u>e</u>ssi
avr**esti**	**abbia**	av<u>e</u>ssi
avr**ebbe**	**abbia**	av<u>e</u>sse
avr**emmo**	**abbiamo**	av<u>e</u>ssimo
avr**este**	**abbiate**	av<u>e</u>ste
avr**ebbero**	**<u>a</u>bbiano**	av<u>e</u>ssero

Participe passé **avuto**, passé composé **ho avuto**, etc. (Module n° 10), plus-que-parfait de l'indicatif, **avevo avuto**, etc, futur antérieur **avrò avuto**, etc. (Module n° 15), conditionnel passé **avrei avuto**, etc. (Module n° 19), subjonctif passé **abbia avuto** (Module n° 23).

LE PREMIER GROUPE EN -ARE : LE VERBE PARLARE

Présent de l'indicatif	Imparfait	Impératif	Futur simple
parl**o**	parl**avo**		parler**ò**
parl**i**	parl**avi**	parl**a**!	parler**ai**
parl**a**	parl**ava**	parl**i**!	parler**à**
parl**iamo**	parl**avamo**	parl**iamo**!	parler**emo**
parl**ate**	parl**avate**	parl**ate**!	parler**ete**
parl**ano**	parl**a̱vano**		parler**anno**

Conditionnel présent	Subjonctif présent	Subjonctif imparfait
parler**ei**	parl**i**	parl**assi**
parler**esti**	parl**i**	parl**assi**
parler**ebbe**	parl**i**	parl**asse**
parler**emmo**	parl**iamo**	parl**assimo**
parler**este**	parl**iate**	parl**aste**
parler**e̱bbero**	parl**ino**	parl**a̱ssero**

Participe passé **parl**a*to*, passé composé **ho parlato**, etc. (Module n° 10), plus-que-parfait de l'indicatif **avevo parlato**, etc., futur antérieur **avrò parlato**, etc. (Module n° 15), conditionnel passé **avrei parlato**, etc. (Module n° 19), subjonctif passé **abbia parlato** (Module n° 23).

LE DEUXIÈME GROUPE EN -ERE : LE VERBE VENDERE

Présent de l'indicatif	Imparfait	Impératif	Futur
vend**o**	vend**evo**		vender**ò**
vend**i**	vend**evi**	vend**i**!	vender**ai**
vend**e**	vend**eva**	vend**a**!	vender**à**
vend**iamo**	vend**evamo**	vend**iamo**!	vender**emo**
vend**ete**	vend**evate**	vend**ete**!	vender**ete**
vend**ono**	vend**evano**		vender**anno**

Conditionnel présent	Subjonctif présent	Subjonctif imparfait
vend**erei**	vend**a**	vend**essi**
vend**eresti**	vend**a**	vend**essi**
vend**erebbe**	vend**a**	vend**esse**
vend**eremmo**	vend**iamo**	vend**essimo**
vend**ereste**	vend**iate**	vend**este**
vend**erebbero**	v**e**nd**ano**	vend**essero**

Participe passé **venduto**, passé composé **ho venduto**, etc. (Module n° 10), plus-que-parfait de l'indicatif **avevo venduto**, etc., futur antérieur **avrò venduto**, etc. (Module n° 15), conditionnel passé **avrei venduto**, etc. (Module n° 19), subjonctif passé **abbia venduto** (Module n° 23).

LE TROISIÈME GROUPE EN -IRE :
CAPIRE ET PARTIRE

Présent de l'indicatif		Imparfait (une seule forme)	Impératif	
capisco	parto	capivo		
capisci	parti	capivi	capisci!	parti!
capisce	parte	capiva	capisca!	parta!
capiamo	partiamo	capivamo	capiamo!	partiamo!
capite	partite	capivate	capite!	partite!
capiscono	partono	capivano		

Futur (une seule forme)	Conditionnel présent (une seule forme)	Subjonctif présent		Subjonctif imparfait (une seule forme)
capirò	capirei	capisca	parta	capissi
capirai	capiresti	capisca	parta	capissi
capirà	capirebbe	capisca	parta	capisse
capiremo	capiremmo	capiamo	partiamo	capissimo
capirete	capireste	capiate	partiate	capiste
capiranno	capirebbero	capiscano	partano	capissero

Participe passé **capito** (une seule forme), passé composé **ho capito**, etc. (Module n° 10), plus-que-parfait de l'indicatif **avevo capito**, etc., futur antérieur **avrò capito**, etc. (Module n° 15), conditionnel passé **avrei capito**, etc. (Module n° 19), subjonctif passé **abbia capito** (Module n° 23).

Pour les verbes irréguliers aux temps autres que le présent de l'indicatif, seules les formes qui ne sont pas régulières (c'est-à-dire à désinence irrégulière ou non construites sur le radical de l'infinitif) seront marquées.

LES PRINCIPAUX VERBES IRRÉGULIERS EN -ARE

ANDARE *aller*	DARE *donner*	FARE *faire*	STARE *rester, être*
PRÉSENT DE L'INDICATIF			
vado vai va andiamo andate vanno	do dai dà diamo date danno	faccio fai fa facciamo fate fanno	sto stai sta stiamo state stanno
impératif **va'**, futur **andrò** etc., conditionnel **andrei** etc., subjonctif présent **vada** etc.	impératif **da'**, futur **darò** etc., conditionnel **darei** etc., subjonctif présent **dia** etc.	participe passé **fatto**, impératif **fa'**, imparfait **facevo**, etc. futur **farò** etc., conditionnel **farei** etc., subjonctif présent **faccia** etc., subjonctif imparfait **facessi**, etc.	impératif **sta'**, futur **starò** etc., conditionnel **starei** etc., subjonctif présent **stia** etc.

LES PRINCIPAUX VERBES IRRÉGULIERS EN -ERE

BERE *boire*	**DOVERE** *devoir*	**POTERE** *pouvoir*	**SAPERE** *savoir*	**VOLERE** *vouloir*	**PROPORRE** *proposer*
\multicolumn{6}{PRÉSENT DE L'INDICATIF}					
bevo	devo	posso	so	voglio	propongo
bevi	devi	puoi	sai	vuoi	proponi
beve	deve	può	sa	vuole	propone
beviamo	dobbiamo	possiamo	sappiamo	vogliamo	proponiamo
bevete	dovete	potete	sapete	volete	proponete
b**e**vono	d**e**vono	p**o**ssono	sanno	v**o**gliono	prop**o**ngono
participe passé **bevuto**, imparfait **bevevo**, etc. futur **berrò** etc., conditionnel **berrei** etc., subjonctif présent **beva** etc., subjonctif imparfait **bevessi**, etc.	futur **dovrò** etc., conditionnel **dovrei** etc., subjonctif présent **debba** etc.	futur p**o**trò etc., conditionnel **potrei** etc., subjonctif présent **possa** etc.	impératif **sappi**, futur **saprò** etc., conditionnel **saprei** etc., subjonctif présent **sappia** etc.	futur **vorrò** etc., conditionnel **vorrei** etc., subjonctif présent **voglia** etc.	participe passé **proposto**, futur **proporrò** etc., conditionnel **proporrei** etc., subjonctif présent **proponga** etc.

PIACERE *plaire*	**SCEGLIERE** *choisir*	**TENERE** *tenir*	**VALERE** *valoir*
\multicolumn{4}{PRÉSENT DE L'INDICATIF}			
piaccio	scelgo	tengo	valgo
piaci	scegli	tieni	vali
piace	sceglie	tiene	vale
piacciamo	scegliamo	teniamo	valiamo
piacete	scegliete	tenete	valete
pi**a**cciono	sc**e**lgono	t**e**ngono	v**a**lgono
participe passé **piaciuto**, subjonctif présent **piaccia** etc.	participe passé **scelto**, subjonctif présent **scelga** etc.	futur **terrò** etc., conditionnel **terrei**, subjonctif présent **tenga** etc.	participe passé **valso**, futur **varrò** etc., conditionnel **varrei**, subjonctif présent **valga** etc.

LE PRÉSENT DE L'INDICATIF DES PRINCIPAUX VERBES IRRÉGULIERS EN -IRE

DIRE *dire*	SALIRE *monter*	USCIRE *sortir*	VENIRE *venir*
PRÉSENT DE L'INDICATIF			
dico dici dice diciamo dite dicono	salgo sali sale saliamo salite salgono	esco esci esce usciamo uscite escono	vengo vieni viene veniamo venite vengono
participe passé **detto**, impératif **di'**, imparfait **dicevo** etc., subjonctif présent **dica** etc., subjonctif imparfait **dicessi** etc.	subjonctif présent **salga** etc.	subjonctif présent **esca** etc.	participe passé **venuto**, futur **verrò** etc., conditionnel **verrei** etc., subjonctif présent **venga** etc.

◆ SYNTAXE

ACCORD DES TEMPS ET DES MODES AVEC LE SUBJONCTIF (MODULE N° 24)

proposition principale	subordonnée	proposition principale	subordonnée
dans le présent			
Spero che tu **stia** bene. présent de l'indicatif	présent du subjonctif	**Spero** che tu **sia stato** bene. présent de l'indicatif	subjonctif passé
J'espère que tu te sens bien.		*J'espère que tu t'es senti bien.*	
dans le passé			
Speravo che tu **stessi** bene. imparfait de l'indicatif (ou autre temps passé)	subjonctif imparfait	**Speravo** che tu **fossi stato** bene. imparfait de l'indicatif (ou autre temps passé)	subjonctif plus-que-parfait
J'espérais que tu te sentais bien.		*J'espérais que tu t'étais senti bien.*	

LA PHRASE HYPOTHÉTIQUE (MODULE N° 27)

Il existe trois types de phrases hypothétiques :

1. Mode « réel » (periodo ipotetico della realtà)

C'est une supposition pure et simple, présentée da manière neutre et sans prendre position sur sa probabilité de réalisation:

Dans ce cas, on utilise l'indicatif (présent ou futur) dans les deux propositions :

proposition subordonnée	proposition principale
Se fai presto	arriverai in tempo.
présent de l'indicatif	indicatif futur
Si tu fais vite,	tu arriveras à temps.

2. Mode « potentiel » (periodo ipotetico della possibilità)

Le locuteur qui formule l'hypothèse n'est pas certain de sa réalisation.
Le verbe de la proposition subordonnée est à l'imparfait du subjonctif, celui de la proposition principale est au conditionnel présent :

proposition subordonnée	proposition principale
Se facessi presto	arriveresti in tempo.
subjonctif imparfait	conditionnel présent
Si tu faisais vite,	tu arriverais à temps.

3. Mode « irréel » (periodo ipotetico dell'irrealtà, ou dell'impossibilità)

– dans le présent : il indique une hypothèse irréalisable dans le présent ou dans le futur, et utilise les mêmes temps verbaux que ceux du type précédent :

proposition subordonnée	proposition principale
Se io fossi in te	non accetterei la sua proposta.
subjonctif imparfait	conditionnel présent
Si j'étais à ta place,	je n'accepterais pas sa proposition.

L'on n'est jamais à la place d'un autre…

dans le passé : l'hypothèse ne s'est pas réalisée.
La phrase est construite avec un verbe au subjonctif plus-que-parfait dans la proposition subordonnée, et au conditionnel passé dans le principale :

proposition subordonnée	proposition principale
Se avessi fatto presto	saresti arrivato in tempo.
subjonctif plus-que-parfait	conditionnel passé
Si tu avais fait vite,	tu serais arrivé à temps.

Réalisation éditoriale et mise en pages : Céladon éditions
www.celadoneditions.com
Conception graphique, couverture et intérieur : Sarah Boris
Relecture italienne : Luciana Marchesi
Ingénieur du son : Léonard Mule @ Studio du Poisson Barbu

© 2017, Assimil.
Dépôt légal : août 2022
N° d'édition : 4377 - septembre 2024
ISBN : 978-2-7005-0925-0
www.assimil.com

Imprimé en République tchèque par PBtisk